ありてなければ

「無常」の日本精神史

竹内整一

角川文庫
19521

ありてなければ●目次

本来、「生きる力」が横溢しているはずの子どもたちに、Zest for living（生きる刺激）などということを教えこまなければならないのが、現代日本のわれわれをとりまく皮肉な状況です。

むろんそれは、子どもたちのことだけではない。そうした環境を子どもたちに強いている大人たちのあり方でもあります。最近は中高年の自殺も目立ってきています。ある、拭《ぬぐ》いがたい、「はかない」、あるいは「むなしい」気分といったようなものが、この社会全体に漂っているということです。

すこし前になりますが、あるシンポジウムで発表された数字の衝撃は、忘れることができません。ある意味、私の、ここしばらく考えていることの原点になっているような数字です。

パネリストとして参加した作家の黒川創《くろかわそう》さんらによるアンケートですが、小学五、六年生と中学生に、「あなたが生きている間に人類は滅びると思うか」という質問をしたところ、小学生の半分以上、中学生、とくに男子は六割に近い割合でイエスと答えていたということでした（竹内整一編『無根拠の時代』）。

もっともこういうアンケートというのは、採《と》り方によっていろいろな解釈が可能ですから、この数字もそうしたものとして考えておく必要があるかと思いますが、しかしともあれ、過半数の子どもたちが自分たちの生きている間に人類は滅びるかもしれないと思って生きていること自体、異様なことであるように思いました。

また、同じシンポジウムに、大学生四千人を対象に調査をした宗教学者の井上順孝《いのうえのぶたか》さんも参加し、「ノストラダムスの予言」など、世紀末予言を信じるか信じないかについてアンケートをおこなったところ、「信じる」と「ありうる」とを合わせて、四割に達したということでした（同）。

現代の青少年たちが親しんでいる文学やアニメなどには、世界は終わるということがどこかで織りこみ済みになっているようなものが目につきます。

たとえば、古いものでは『風の谷のナウシカ』とか『AKIRA』といったものから、『EDEN』とか『ドラゴンヘッド』『新世紀エヴァンゲリオン』というようなアニメ、また、『世界の終りとハードボイルド・ワンダーランド』から『終末のフール』といったような文学作品、SEKAI NO OWARI（世界の終わり）といった人気のロックバンド、等々。

そこでは、世界は終わる、壊れるということを前提に、そのなかで人はそのことをどう受けとめていくか、というようなことが中心となって描かれています。そうしたことがくりかえし主題になっていること自体、大変なことといえばたしかに大変なことだと思います。

そこには、いわゆる「世紀末」気分ということもあったのですが、あたらしい世紀に入っても、世界（人類）は終わるかもしれないといった思いは、依然として無気味に漂っています。9・11同時多発テロ以降の世界状況や、さらにまた、3・11の東日本大震災・原発事故以降の世界状況は、そうした思いをさらに加速させてきています。

そうしたところでは、当然のことながら、これまで通用してきた意味や目的、また秩序（社会）形成への意力といったものは削《そ》がれ、突き崩されてしまいます。自分の存在理由が、自分の生きている秩序（社会）からはうまく説明できなくなってしまうからです。その意味でのニヒリズム状況が、社会に蔓延しているということです。

このような状況をどうとらえるかは、いろいろなアプローチがありうるし、また、いたずらにそうした危機感だけを煽《あお》りたてることは危険でもありますが、ともあれ、こうして漂っている「はかない」気分を、それ自体として考えてみる必要はあるだろ

う と思います。

こうした問題は、いうまでもなく西洋では、一世紀前に、ニーチェ（一八四四〜一九〇〇）によって主題的に問われはじめた問いです。

同じ頃の日本の思想状況にも、それとは違う文脈ながら、自分と自分の生きているこの世界がうまく説明できないという、「煩悶《はんもん》状況」という精神の危機状況がありました。そこには、たとえば、「曰《いわ》く『不可解』。我《われ》この恨《うら》みを懐《いだ》て煩悶終《つい》に死を決す」（藤村操《みさお》）といったように、そうした問いに答えられなければ、それこそ死すら招きかねないという深刻さがありました。

しかしそれは、そうした深刻さを見せながらも、そこにはあたかも「暗いうちは滅びぬ」（太宰治）といった趣《おもむき》も十分にありました。「煩悶状況」は、暗澹としたニヒリズム状況を呈しながらも、たしかな陰影をもち、なおかつ、少なからぬ感傷さえ交じえられて問われていたということです。

現在の状況はどうでしょうか。

問いや危機感はたしかにあるはずですが、それはいわば、露出過多の風景のなかで、どこか白茶《しらちゃ》けてしまっているように見えます。奇妙に明るく、また軽やかに問われている（あるいは、問われすらしていない？）ようにも見えます。

「無から生じたものがもとの場所に戻った。それだけのことさ」
（『1973年のピンボール』）

当代のベストセラー作家、村上春樹の初期作品の主人公のつぶやきです。それは、これ以降の村上作品の主人公たちのつぶやきであると同時に、確実に現代の青少年たちの、いわば低音のつぶやきでもあるように思います。

それはまぎれもなく、ひとつのニヒリズムです。しかし同時にそれは、本文でくわしく見るように、伝統的には、「ありてなければ（あるけれどないので）」という無常の思いでもあります。

本書では、こうした思いをそれとして主題化して検討し、その思いを何らかのかたちで肯定に転ずることができるとすれば、それは、どのようなかたちでありうるか、ということについて考えてみたいと思います。

問い方の表現をかえれば、「ありてなければ」の「はかなさ」の向こう側があるとすれば、それは、どこにどのようにありうるか、という問題として立てて考えてみたいということです。

I

現代日本人の無常感

一 「はかない」気分

「迂《う》路《ろ》をたどるべからず」

つとに一九六四(昭和三九)年という時期に、唐木順三(一九〇四~一九八〇)は、その著『無常』で、こう述べています。

今日ほど「無常」の事態を眼前にさらけ出してゐる時は、さうざらにはない。現実の事態が「無常」なのである。言つてしまへば、ニヒリズムが普遍化し、すでにニヒリズムといふ実態が観念されえないほどに、ニヒリズムそのものが、のさばつてゐる。

ニヒリズムはすでに特定人の特定の主義や意見ではない。世界を挙げてニヒリスティックなのである。……繁栄し、進歩すればするほど不安である。この繁栄、この進歩が、死への、滅亡へのそれではないかという不安は世界の現実である。

時代認識としていささかも色あせていない、というより、「はじめに」で紹介したアンケート結果にも顕著に表れているように、時代はますます唐木の認識を跡づけるものになっているように思います。

さきにもふれたように、また最終章でもあらためて見るように、とりわけ、9・11同時多発テロ以降の世界状況や、3・11大震災・原発事故以降の世界状況には、「この繁栄、この進歩が、死への、滅亡へのそれではないかという不安」は日常卑近にあふれています。

それが、ニヒリズム（ここでは、「無常」とまったく同義に使われています）という状況です。また問題は、そうでありながら、それは「すでにニヒリズムといふ実態が観念されえないほどに、ニヒリズムそのものが、のさばつてゐる」という状況でもあるということです。

唐木の指摘するように、そうしたなかで、人は何かしらの「有常、恒常なるもの」を求め、その権威によって自己の安定化を図ろうとする。けれども、国家、民族、階級、家族、特殊社会…、等々を絶対化するという、かつての失敗をくりかえすことはできないし、かといって、自己の実存だけにかけようとする方向にも確たる糸口を見いだすことはできない。そうした認識をふまえたうえで、唐木は、こう端的に提言しています。

もはや、迂路《うろ》をたどるべきではない。無常なるものの無常性を、徹底させるよりほかはない。

「無常なるものの無常性を、徹底させる」という、この提言については、すでに別のところでも検討している（竹内整一『「おのずから」と「みずから」』）し、また本書でもあらためて検討するが、まずはここでは、唐木のとった方法について確認しておきたいと思います。

無常の系譜をたどる

唐木が以上のような差し迫った状況認識を示したうえで、「もはや、迂路をたどるべきではない」として、そこでおこなった具体的なやり方は、「はかなし」から「無常」へ、という言葉の系譜をたどることでした。

そうすることによって「諸行無常、一切皆空、さういふ言ひふるされて具体的意味を失ってしまった言葉の意味内容を、いまあらためて考へる」ことでした。唐木にとって、それは、けっして「迂路をたどる」ことではなかったということです。

現在直面している無常・ニヒリズム状況についても同様です。

むろんそれは、現代に固有な諸条件によって問題化されているわけですから、その諸条件を検討することは不可欠なのですが、しかし同時に、その諸条件だけをあれこれいじくりまわすことだけでは問題はけっして解決されません。それが先端的なものであり、かつ根本的なものであればあるほど、そうした問題は、それまで問われ続けてきたのと同様の問いの蓄積のうえで問われなければならないということです。「はかなさ」や「むなしさ」が、人間の生のなかに不可避に巣くう事態は、現代のみならず、いついかなる時代、いかなるところにもあったはずです。それは、必ずしも終末論や世紀末特有の問題ではない。人が生き、そして人が死んでいくという、そのなかに否応《いやおう》なく刻みこまれてくる思いというものがつねにあったはずです。それだけそうした事態との格闘の歴史もあったはずです。

まずわれわれは、そうした古今《ここん》の格闘の歴史を、それぞれのあり方において、きちんとふまえなければならない。あたりまえのことですが、とりわけ生き方ということにおいて、人はこれまで生きてきたものを措《お》いては、けっしてあたらしいものを創り出すことはできないということです。問題は、それを、今に見合ったものとして、どのように賦活、再生しうるかということだろうと思います。

私も、ここでは唐木にならって、さきの思想課題に取り組むアプローチのひとつとして、それと現代にいたるまでの同様な思想の流れのなかにおきなおし、たどりなおして、この問題をあらためて考えてみたいと思います。

なお、唐木の『無常』では、「はかなし」を平安女流の情緒・心理として、それを「無常の形而上学」へと深化していくプロセスとして位置づけ、あつかっていますが、ここではそうした見方はとりません。「はかなし」を、より基礎的な実感、また、より一般的な思想心情と考えて検討してみたいと思っているからです。

2 「はか-ない」とは

「心亡《ほろ》ぼす」ビジネス社会

ところで、唐木も同著でたしかめていることですが、「はかない」とは、「はか」がないこと、つまり、「はかがいく」「はかどる」の「はか」がないことです。「はかがいく」ように、努めても努めてもその結果をたしかに手に入れられないことから、あっけない、むなしい、といった意味をもつようになった言葉です。

さらに遡《さかのぼ》れば、その「はか」とは、もともと田圃《たんぼ》に稲を植えたり収穫したりする際の、仕事量を表す単位であり、それは、さまざまなものを「はかる」という意味の「はか」ということでもあります（『岩波古語辞典』）。

「はかる」とは、表意文字の漢字で見れば、ものごとを計量するという「計る」「量る」「測る」であり、また、ものごとの見当をつけてあれこれ突き合わせ、論じ、調整するという「諮る」「忖る」「衡る」、さらには、ものごとを自分のためにもくろみ企てるという「図る」「策る」「謀る」でもあります。つまり、「はかる」という営みは、人がある意図・計画をもって生活するときには、必ずや求められる基本的な営みということができます。

西洋近代の科学技術の基本発想が、ものごとを客体として計量し、見当をつけ、それによって主体の便に供しうるように扱う、というところにあったとすれば、それはまさに、「はか」あること、「はか」どる（「捗る」）ことそのものが求められる発想ということができます。

こうした発想が第一義となっている社会が、いわゆるbusiness（busy-ness＝忙しさ）社会ですが、そこでは、何より「はか」がいくこと、はかばかしく結果を手に入れることが求められます。結果や成果から、今現在のあり方やふるまい方を決めるべく要請されてくるということです。

その種の要請は、プロジェクト／プロデュース／プロモーション／プログレス／プログラム、等々、といった、西洋近代が本質的に抱えている、前のめり［pro-］の姿勢、前望的［pro-spective］な時間意識（古東哲明《ことうてつあき》『瞬間を生きる哲学』）といったものに重なってきます。

今や、そうした「はか」あることのみを求める発想の根幹がぐらついてきたといえます。行きつくところは、せいぜいが世界の終わり、人類の死だというふうに感じられてしまうところでは、これまでのように世界や社会をうまく「はかる」ことができない。前のめりに、意味や目的を求めてきたこれまでの考え方が無効なものに感じられてくる。その意味で「はか‐ない」状況が現出してきたということです。

終わりを危惧《きぐ》する心性とともに、「終わりなき日常」を持てあます心性が混在するゆえんです。いずれも、どう今を「はか」っていいのかわからないという状況を表しています。

今あらためて、こうした「はかない」という思想状況をそれとして主題的に考えてみる必要があります。「はかない」という言葉は、基本的にはネガティブな意味内容をもっていますが、しかし同時に、そこにおいてこそ可能であるような、何かしらポジティブなものを見いだすことができます。

つまり、「はかない」状況というのは、そのなかでそれをあらためてきちんと受けとりなおすことにおいて、「はか」第一主義の business 社会の忙しさのなかで、心亡《ほろ》ぼすことによって失ってきた――〝忙〟という漢字はもともとそういう意味ですが――何ものかをとりもどすことのできる状況でもあるということです。

3 「はかなさ（儚《はかな》さ）」としての無常感

「はかない」思いのさまざまな表出

わが国においては、この世の「はかなさ」や「むなしさ」、無常という受けとめ方は、いつの時代においてもそれぞれの時代の思想心情の根底に、それぞれのかたちで見いだすことができます。試みに、いくつか列挙しておきます。

世の中は空しきものと知る時しいよよますます悲しかりけり
（大伴旅人《おおとものたびと》『万葉集』）

寝《ぬ》るがうちに見るをのみやは夢といはむはかなき世をもうつつとは見ず
（壬生忠岑《みぶのただみね》『古今和歌集』）

夢よりもはかなき世の中を、嘆きわびつつ明かし暮らすほどに……

世中《よのなか》を夢と見る見るはかなくも猶《なほ》おどろかぬわがこころ哉《かな》

（『和泉式部日記《いずみしきぶにっき》』）

（西行『山家集』）

祇園精舎《ぎおんしょうじゃ》の鐘の声、諸行無常の響あり。娑羅双樹《さらそうじゅ》の花の色、盛者必衰《じょうしゃひっすい》の理をあらはす。おごれる人も久しからず、唯《ただ》春の夜の夢のごとし。

（『平家物語』）

それ、人間の浮生《ふしょう》なる相をつらつら観ずるに、おほよそはかなきものは、この世の始中終《しちゅうじゅ》まぼろしのごとくなる一期《いちご》なり。

（蓮如《れんにょ》「御文《おふみ》」）

露とおき露と消えゆくわが身かな浪速《なにわ》のことは夢のまた夢

（豊臣秀吉）

夢の浮世をぬめろやれ（浮かれ歩け）、遊べや狂へ皆人《みなびと》

（『恨の介《うらみのすけ》』）

悟りても死《しに》、迷ふても死《しぬ》。扨《さて》も死《しぬ》る哉。……何もかも益《やく》にたたず、夢の中のたはぶれ也。

（山本常朝『葉隠』）

ゆめと見る見るはかなくも／なほ驚かぬ此《この》こころ／吹けや北風此《この》ゆめを／うてやいかづち此こころ／をののき立ちてあめつちの／くすしき様をそのままに／驚きさめて見む時よ／其《その》時あれともがくなり　（国木田独歩「驚異」）

人生は夢であるといふことを誰が感じなかつたであらうか。それは単なる比喩ではない、それは実感である。この実感の根拠が明かにされねばならぬ、……（三木清『人生論ノート』）

また、何よりなじみ深いものに、次の歌が挙げられます。

色は匂《にほ》へど散りぬるを　わが世誰ぞ常《つね》ならむ
有為《うゐ》の奥山今日《けふ》こえて　浅き夢みじ酔《ゑ》ひもせず

いうまでもなく「いろは歌」です。平安後期につくられたこうした手習い歌が、今もなお一国のアルファベットとしてずっと親しまれているということであり、こうしたところにも、われわれの心の底に、この世は無常だという思いがいかに深く染みこんでいるかがうかがえます。

この歌が、どこへ「こえて」行こうとしているのか、ということについては、またあとで問題にします。いずれにしても、ここにあるのは、われわれが今生きているこの世界というのは、あたかも浅い夢を見ているような、あるいは酔っぱらっているような、そういう世界なのだという認識です。

「ありてなければ」の思い

こうした感じ方というのは、典型的には、たとえば、次のような歌に表れてきます。

世の中は夢か現《うつつ》か現とも夢とも知らずありてなければ

（詠み人知らず『古今和歌集』）

問題は、ひとえに、「ありてなければ」という、この言いようにあります。

この世の中、あるいは、男女の仲（当時、平安女流において「世の中」は「男女の仲」という意味合いでも使われていた）というものが、今たしかに「ある」ということを自分は知っている。しかしそれは、同時に、いつか「なくなる」こと、あるいは、もともとは「なかった」ものだということも知っている。そうした、有‐無の微妙な認識です。有は有であるままに、いわば、無に足をすくわれているわけです。

「夢か現か現とも夢とも知らず」といった言いようも同じです。

われわれはもともと、現実・正気・目醒《めざ》め、といった意味を表す〃うつつ〃という言葉に、「夢かうつつか」とか「夢うつつ」といったような言葉遣いでの意味を混同させて、むしろ現実ならざる、夢のような手応《てごた》え（むしろ手応えのなさ）を感じとってきています。うつつごころ（現心）とは、①正気、②夢心地です（『岩波古語辞典』）。

それは「元来〈うつつ〉という語のもっていた〈ゆめ〉とあいわたる微妙な境位」（坂部恵《さかべめぐみ》『仮面の解釈学』）の表れです。そこには、「うつつ」の「うつ」が「うつる（移る・遷る・映る）」の「うつ」でもあることが深くかかわっています。

問題は、こうした現実認識のあり方にあります。三木清の言葉をかりれば、「人生は夢であるといふことを誰が感じなかつたであらうか。それは単なる比喩ではない、それは実感である。この実感の根拠が明かにされねばならぬ」（前出『人生論ノート』）ということです。

夢と現をめぐる、こうした問題は、わが国でのみ問われてきた問題ではない。洋の東西を問わない、ある種、普遍的な問いでもあります。デカルト的懐疑と呼ばれるものをはじめとし、西洋近代哲学のある根本的なところで、この種の問題はずっと問われ続けてきたし、この世を夢と語る仏典や、「胡蝶の夢」（自分が夢のなかで胡蝶（蝶）になり、自分が胡蝶か、胡蝶が自分か区別がつかなくなったという話）といった中国の故事（『荘子』）などを数え挙げればきりがありません。

問題がこのように普遍的なものであるとすれば、問われるべきは、こうしたとらえ方や感じ方が、日本人の精神史において、いかなる世界認識や感覚の枠のなかで語られてきたのか、とくにそのなかで日本人はそうした思いにどう対処してきたのか、といったことの具体的な中身の検討になってきます。

4 「はかなさ」の向こう側

「夢」の多義性

以上のように、「はか－なさ」は「儚さ」として、しばしば「夢」を用いて譬喩《ひゆ》的に語られてきたのですが、それは、夢という言葉に、「はかなさ」や「むなしさ」、「迷い」や「当てにならなさ」「とりとめのなさ」といった無常性がうまく表されているからです。そこで本書でも、「はかなさ」を論じるにあたって、この夢という言葉をキーワードに考えていきたいと思います。

とはいえ、いうまでもなく「夢」というのは多義的な意味をもつ言葉であり、そこにはたんに現実の「はかなさ」ということだけではない、ゆたかな意味内容がふくまれています。手許《てもと》にある辞書を開いても、そこには、以下の四つの語義が挙げられています。

ゆめ（イメ（寝目）の転）

①睡眠中に持つ幻覚。ふつう目覚めた後に意識される。多く視覚的な性質を帯びるが、聴覚・味覚・運動感覚に関係するものもある。……②はかない、頼みがたいもののたとえ。夢幻。③空想的な願望。心のまよい。迷夢。④将来実現したい願い。

（『広辞苑』）

「イメ（寝目）の転」として、①「睡眠中に持つ幻覚」の意味を基礎に、②〜④はその、いわば譬喩的用法です。――②現実でないから、覚めてしまえばみな消えてしまい「はかない」、③夢のなかでしか可能でないような思い、願い、④まだ現実ではないが、実現したい希望（dream の翻訳用法）。

語義的には表に出ていないが、夢ということでは重要な補足をしておけば、夢は「非現実的な内容である場合が多いが、夢をみている当人には切迫した現実性を帯びている」（『大辞林』）とされ、「予兆として神秘的に解釈され、信じられることが多かった」（『岩波古語辞典』）とされるものでもあります。

古くから、夢自体に日常の現実性とは異なる「切迫した現実性」を感じとる理解があること（たとえば、江戸川乱歩「うつし世はゆめ　よるの夢こそまこと」など）や、夢が現実をこえた不思議な世界との媒体であるという考え方（それは日本にかぎってのことではなく、「多くの文化に共通する夢観念として次の二つがある。すなわち、一つは夢を睡眠中に肉体から遊離した霊魂の経験であるとする観念であり、他は夢を神のお告げであるとする観念である」上田紀行「夢の民俗」）のあることは、夢をキーワードにとりあげる際には、どうしても欠かすことのできない視点です。

しかし、ここでは、そうした大事な視点があるということを念頭におきながら、必要なかぎりそれらをあわせ見ることにして、あくまで基本は、「ありてなければ」の「はかなさ」としての夢という使い方を中心に考えていきたいと思います。

超越の三タイプ――「夢の外へ」「夢の内へ」「夢と現《うつつ》のあわいへ」

そこで、以下、「はかなさ」の向こう側のあり方を、大まかな見取り図として、次の三つのタイプに分けて考えてみたいと思います。

①「夢の外へ」　この世は夢、だが夢ならぬ外の世界があるので、そこへと目覚

めていく。

②「夢の内へ」　この世は夢、ならば、さらにその内へと、いわば夢中にのめり込んでいく。

③「夢と現のあわいへ」　この世は夢か現か、その「ありてなき」がごとき生をそれとして生きようとする。

①、②、③は、いうなれば、それぞれのかたちでの「超越」のあり方です。「超」も「越」も「こえる」ことですから、「ありてなければ」という、この夢のように「はかない」現実を、何らかの仕方でこえることを意味しています。

こえたその先が「向こう側」なのですが、ただ、その際の向こう側とは、必ずしも、彼岸、あちら側の世界を意味するものではありません。何らかの仕方で、今あることの不確実さ、ないし不十全さがこえられているとすれば、そのとき、その時空が、そのまま向こう側であるということにして使うことにします。その意味では、「内在」への「超越」ということも十分考えられます。

①は、「いろは歌」や、その背景にある浄土教発想などに典型的に見られるものですが、われわれの外部に超越世界を想定し、そこへと、あるいは、そこから意味や目

的、生きる力の肝心なところを得ようとする、もっとも一般的な超越のタイプです。

また②は、この世が「浅き夢」であるならば、その中途半端な「浅さ」がまずいのであって、むしろそれをさらに、いわば「深き夢」、「濃き夢」へと仕立てあげ、のめり込んでいこうとするような志向です。それは、『閑吟集《かんぎんしゅう》』の「一期《いちご》（一生）は夢よただ狂へ」とか、『葉隠』の「死狂《しにぐる》ひ」や「忍恋《しのぶこい》」といった考え方などに典型的に見られます。

そして③は、「夢の外へ」とありありと目覚めようとするのでもなければ、「夢の内へ」と没入しようとするのでもなく、「ある」けれども「ない」、「ない」けれども「ある」、という人間存在のあり方を、それとして積極的に引き受けて生きようとする志向です。これは『徒然草』などに典型的に見られるもので、仏教的にいえば「色即《しきそく》是《ぜ》空《くう》、空即是《くうそくぜ》色《しき》」という発想を、これにあてて考えています。

じつは、論をすすめていく過程で明らかになってきますが、①、②、③にはそれぞれ、必ずしもはっきりと区別できないところも出てきます。そうしたこともふくめて、以下、①から順に見ていきます。

Ⅱ

「夢の外へ」

―「浅き夢みじ」――「いろは歌」の決意

こえゆく先

まずはじめに、この世は「はかない」夢のような世界であるが、しかし夢ならぬ外部世界があるので、そこへと目覚めていくという「夢の外へ」という発想について見ておきます。

その典型的な例が、さきの「いろは歌」です。

色は匂へど散りぬるを　わが世誰ぞ常ならむ
有為の奥山今日こえて　浅き夢みじ酔ひもせず

――匂うがごとく花は咲き誇るけれども、すべて散ってしまうものではないか。このわれわれの世界において、いったい何が、誰が常であろうか。常なるものは何ひとつない。だから私は、無常なこの世を奥山の方へこえて行こう。こちら側の世で浅い夢なんか見ていないで、酔っぱらってなんかいないで。

ここで歌われているのは、こちら側の世界の、あらゆるものが散ってしまうという、無常の認識と、そうした認識をふまえて、その世界を「今日こえて」出ていこうという決意です。

くりかえしになりますが、こうした認識と決意とが、千年以上にもわたって日本人に歌い継がれてきたことに注目しないわけにはいきません。むろん、それはつねに意識的に歌われてきたわけではないが、しかし、これだけ長く歌い継がれてきたということの背景には、われわれ日本人の意識の底に、そうした発想が親しいものとして存在し続けてきたということが示されているからです。

問題は、「今日こえて」いこうとするその決意が、いったい「どこへ」と向かうものなのか、という点にあります。

古来、「いろは歌」は、『涅槃経《ねはんぎょう》』の、「諸行《しょぎょう》は無常なり　是《こ》れ生滅《しょうめつ》の法なり　生滅し滅し已《おわ》りて　寂滅《じゃくめつ》を楽と為《な》す」という、いわゆる「無常偈《むじょうげ》」の和訳とされています。この説にしたがうならば、その「どこへ」は、「寂滅」なる「楽」の世界へ、ということになります。そこに、当時広まりつつあった浄土教の説く極楽浄土のイメージが重ね合わされていたことは容易に想像のつくことです。

浄土教については、このあとの『往生要集《おうじようようしゆう》』のところでくわしく見ることにして、ここでは、問題をもうすこし一般的なものに広げて、「夢の外へ」という発想について確認しておきたいと思います。

われわれの生きるこの現実の此岸《しがん》世界を、不十全なものととらえ、その世界の外部（ないし上部）に、十全な彼岸《ひがん》世界を求めるという考え方は、宗教的な発想としては、もっとも一般的な超越の発想です。

話はすこし飛びますが、今から百年ほど前に、これまでの宗教のあり方——具体的にはキリスト教ですが——を総括的に否定して、ニヒリズムの思想を展開したニーチェは、次のように言っています。

（ニヒリズムとは、まず、人が目的や意味を求めて求め得られないときに現れ、次に、秩序や統一を求めても得られないときに現れる。そして、そうした事態におちいったとき、人はどうするかといえば——引用者註）逃げ道としてのこっているのは、この生成の全世界を迷妄《めいもう》と判決して、このものの彼岸にある一つの世界を真の世界として捏造《ねつぞう》することでしかない。

（『権力への意志』）

この世に生きる目的・意味や秩序・統一が見つからないとき、残されている「逃げ道」があるとすれば、それは、この世全体を「迷妄と判決」し、彼岸に「真の世界」をつくりあげることだ、と。そして、その真の世界から目的なり秩序を引き出して、それによって生きようとすることだ、それが宗教（キリスト教）だというわけです。

ニーチェの言うように、真の世界というものが捏造された虚構物であるのかどうかはわかりませんが、ともあれここでは、真なる彼岸世界が存在するということと、われわれの生きている此岸世界が迷妄・虚偽の世界として存在するということとが対をなして主張されていたことに着目しておきたいと思います。

それらが対をなして主張されていたということは、以下のことを意味しています。すなわち、われわれの生きている此岸世界が、迷妄・虚偽なる世界であると感じられれば感じられるほど、そうでないあちら側の世界の真なるありようが、よりいっそう強く求められてくるし、逆に、そうした真の世界が何かしらの仕方で垣間《かいま》見られたと思った場合には、こちら側の世界の迷妄や虚偽なるありようが、より堪えがたいものと感じられてくるということです。

つまり、そこでは迷妄・虚偽の此岸世界と、真の彼岸世界とが、初めからそれぞれにくっきりとした輪郭をもって存在しているわけではなく、それぞれのあり方は相互媒介的に、徐々に規定されてくるということです。
「夢の外へ」という発想に即していえば、生きているこの世界が「はかない」夢のような世界と感じられる人にとっては、必ずや何ほどか、夢ならぬ真の彼岸世界が思い見られているということ、さらには、その思い見られるものの質や量によって、それぞれの「夢の外へ」というベクトルの質や量も決まってくるということです。

国木田独歩の願い

それゆえ、この「夢の外へ」という発想の当初においては、夢ならざる真の世界といったものが、必ずしも明確には思い描かれないままに、しかしはげしく「夢の外へ」という方向に向かうということがあります。さきにも挙げた、国木田独歩（一八七一～一九〇八）の例で、そのことを見ておきたいと思います。

ゆめと見る見るはかなくも
なほ驚かぬ此《この》こころ

吹けや北風此ゆめを
うてやいかづち此こころ
をののき立ちてあめつちの
くすしき様をそのままに
驚きさめて見む時よ
其時《そのとき》あれともがくなり

（「驚異」）

独歩は、生涯にわたって「ゆめと見る見るはかなくも」と、この世の夢幻をかこち、そこから「驚きさめて見む時」がくるのを願っていますが、彼のそうした夢幻感は、自分自身が、虚偽や虚栄、妄想や欲望のうずまく世間・社会のうちにまどろみ惑っているという思いの表現です。

人生、人生、これ何ぞや。吾が生、これ何ぞや。……ああ嗚呼《ああ》美妙なる天地に於《お》ける此の人生！　されど吾が心は夢中にありて世てふ翼の下にまどろみつゝあり。天地の真光《しんこう》に触れざる也。

（『欺《あざむ》かざるの記』）

世間や社会といった「翼の下にまどろ」むというあり方に、本来あるべきあり方として対置されているのは、「美妙なる天地」、「天地の真光」と言われる、天地や自然や宇宙の「真光」、「美妙」なるあり方です。

われわれの世間に先んじて存在し、それを包み貫いているはずの自然や天地の本来に触れることによってのみ、この世のもろもろのものは、その根拠なり、価値なり、意味なりを与えられるといった考え方です。だからこそ独歩は、そこへ「驚きさめて」いこうとしたわけです。

キリスト教やワーズワースなどから影響を受けた独歩のこうした発想は、そのかぎりでは、さきに見た宗教一般の超越図式に近いと言わざるをえないのですが、同時に独歩には、こういう言い方も目につきます。

> 自分は以上の如く考へて来たら丸で自分が一種の膜《まく》の中《うち》に閉ぢ込められてゐるやうに感じて来た、天地凡《すべ》てのものに対する自分の感覚が何《な》んだか一皮隔てゝゐるやうに思はれて来てたまらなくなつた。そして今も悶《もが》いてゐる自分は固く信ずる、面と面《フェースツーフェース》、直ちに事実と万有とに対する能《あた》はずんば「神」も「美」も「真」も遂《つい》に幻影を追ふ一種の遊戯たるに過ぎないと、しかしただ斯《か》く信ずる計《ばか》りである。

（「死」）

ここで独歩は、覚めゆく世界が「真光」「美妙」の世界であるか否かは問題にしてはいません。それ以前に、まずはこの「一種の膜の中に閉ぢ込められてゐるやう」な、「一皮隔てゝゐるやう」な、もどかしい状況をこえ出られなければ、「神」や「美」や「真」について云々《うんぬん》すること自体、一種の遊戯にすぎないと嘆いているわけです。かくして、何はともあれ独歩には、この、今ある否定状況を突破すること自体が、最要件として求められてくるわけです。

美と真と善と、わが願はこれを求めんことに非《あら》ず。……わが切なるこの願とは、眠《ねむり》より醒《さ》めんことなり、夢を振《ふる》ひをとさんことなり。……信仰を得んことに非ず、信仰なくんば片時《かたとき》たりとも安《やす》んずる能はざる程に此《この》宇宙人生の有《あり》のまゝの恐ろしき事実を痛感せんことなり。

（「岡本の手紙」）

独歩の「わが切なるこの願」とは、「美と真と善」そのものを求め、そこに届くことでもなければ、「信仰を得んこと」でもない。そうではなく、やがてそれらにつながるはずの、その前提としての「眠より醒めんこと」、そのこと自体に願いが向けられています。あるいは、「宇宙人生の有のまゝの恐ろしき事実を痛感せんこと」とも言われています。要するにここでは、「驚きさめて」いく、向こう側の世界を云々する以前に、当面、今生きているこの世界での「有のまゝの恐ろしき事実」それ自体を知りたいという願いとして求められているわけです。

今ここでの「有のまゝの恐ろしき事実」を知りたいという願望と、「天地の真光に触れ」ることとの落差については、独歩はとくに説明はしていません。しかし、さきにも述べたように、両者は相関的に対をなす項目なのであって、もともと別々に論じることのできない質のものではあります。

ともあれ独歩には、「どこへ」ということよりは、むしろこの世界の「眠《ねむり》」から「驚きさめ」ることそれ自体が、はげしく追求されています。ただ、それが、「一種の膜の中に閉ぢ込められてゐるやう」な、「一皮隔てゝゐるやう」な状況と感じられ、しかもそうした状況を突破していこうとする方向において求められているという点では、これもまた、「いろは歌」同様、「夢の外へ」という志向をもつものと見なすことができるように思います。

蟪蛄《けいこ》春秋を識《し》らず

こういう言葉があります。

蟪蛄《けいこ》春秋を識《し》らず、伊虫《いちゅう》あに朱陽《しゅよう》の節を知らんや

「蟪蛄（夏蟬）」は春秋を知らない。（「伊」というのは「これ」という指示語で、「伊虫」とは「この虫」、つまり、夏蟬のことですが）この夏蟬は、どうして「朱陽の節」、赤い太陽の季節、すなわち夏を知っているといえようか、いや知らないのだ、という意味です（この言葉は、親鸞《しんらん》の『教行信証《きょうぎょうしんしょう》』――もともとは曇鸞《どんらん》の『浄土論註《じょうどろんちゅう》』――に出てきます）。

たしかに蟬は、夏の真っ盛りに地上に出て一週間くらい生きてはいるが、しかし、蟬はそれが夏だということを知らないのではないか、少なくとも季節としてそれを夏とは認識していないのではないか。春や秋という季節を知らなければ、つまり比べるものがなければ、夏を夏として理解できないだろうということです。

われわれは、たしかに今この世界に生きてはいるが、その世界のなかだけにいるのではその世界がどういうものであるか、よくわからない。その世界が何であるかがわかるためには、その世界の外に出て、あらためてその世界を見わたすときに、はじめて、その世界が、ああ、こういうものなんだとわかる、ということです。

このこともまた、われわれをたえずせきたて続ける「夢の外へ」の誘《いざな》いなのだろうと思います。

2　地獄・極楽とは何か――『往生要集』のしかけ

この世を厭わせる

「いろは歌」の作られた平安末期には、すでに浄土教の教えが広まってきています。世も末、濁世《じょくせ》、つまり、よごれた世界になってしまったという時代認識、いわゆる末《まっ》法《ぽう》思想によって煽《あお》られた不安感のなかで、極楽浄土に往生（往《い》って生まれること）すれば救われるとする浄土教の教えが、とくに貴族層を中心に広く信じられるようになっていきます。

浄土教が広まり、定着していくにあたって大きな影響力をもったのが、源信《げんしん》（九四二～一〇一七）の『往生要集』（九八五）です。

源信は、いろいろな経典を引用しながら、天、人、阿修羅《あしゅら》、餓鬼《がき》、畜生《ちくしょう》、地獄の六つの世界（六道《りくどう》世界）によって構成されるわれわれの世界の全体が、いかに苦に満ち溢《あふ》れているかを説き、それとは対照的に、極楽浄土の世界がいかに楽に満ち溢れているかを説いて、人々に往生をすすめています。

『往生要集』は、まず「厭離穢土《おんりえど》」の章から書きはじめられています。源信は、娑婆《しゃば》世界（この世界）を無常であるとともに、不浄なものと見なすことによって、そこに住まうわれわれの存在の本質もまた苦しみととらえます。

この世の無常性に関しては、さきに引いた『涅槃経』の「無常偈」とともに、「一切の有為の法（生滅する現象世界の一切の事物）は、夢幻《むげん》、泡影《ほうよう》（水の泡と物の影）の如し。露の如く、また雷の如し」という『金剛般若経《こんごうはんにゃきょう》』の文が引用されています。これもまた「いろは歌」の「浅き夢みじ」の思いを後押しする経文です。

こうした無常性や不浄性、苦しみを本質とする、こちら世界の穢土性を極限的に象徴しているのが地獄世界で、『往生要集』では、次々に、これでもか、これでもかと言わんばかりに凄惨な地獄の描写が展開されています。そのことによって、われわれに、ああ、いやだ、地獄には絶対に行きたくない、と感じさせるとともに、その地獄世界と連続しているわれわれの人間世界に対しても、こんな世界は厭い離れたいと感じさせるように仕向けています。それが、「厭離穢土」という章のねらいです。

くりかえされることのおそろしさ

そこでは、地獄の描写が事細かくなされているので、すこし中身に立ち入って、地獄の何たるかについて見ておきたいと思います。

たとえば、八大《はちだい》地獄のひとつに衆合《しゅごう》地獄と呼ばれる地獄があります。それは、およそ次のように描写されています。

——この地獄では、獄卒《ごくそつ》が手に鞭《むち》をもち、罪人を駆《か》り立てて鉄の山の間に追い立てる。すると鉄の山が両側から迫ってきて彼らを砕《くだ》き潰《つぶ》す。血が流れ、その血が地に満ちる。あるいは、鉄の山が空から落ちてきて、罪人たちを打ち砕く。あるいは、石の上に置かれて、岩で叩《たた》き潰される。または、鉄の臼《うす》に入れられて、鉄の杵《きね》で搗《つ》かれる。さらには、鬼や獅子《しし》や虎や狼、もろもろの鳥獣などが競うようにやってきては罪人たちの肉を貪《むさぼ》り食う。あるいは、鉄の炎の嘴《くちばし》をもつ鷲《わし》が腸《はらわた》を食いちぎり、それを木の上などにかけ散らかす。また、火のはげしく燃え立つ大河があって、その川のなかに鉄の鉤《かぎ》がある。地獄の獄卒がそこに罪人を擲《な》げ入れると、罪人はその鉤に引っかかる。あるいは、熱く煮えたぎった赤銅《しゃくどう》の川に罪人を突き落として漂《ただよ》わす……。

鉄や岩に潰されるとか、鉤に体が引っかけられるとか、煮えたぎった赤銅のなかに突き落とされるとか、地獄絵図としてビジュアルに見ているもののもとになっているのが、こうした『往生要集』における地獄の描写です。

それは、もちろん人間の世界そのものではないが、同じ六道世界に属するものであるかぎり、われわれの世界もまた、こうした地獄性をもっています。その意味で、われわれの住まう人間世界のおそろしさ、おぞましさが、もっとも増幅されたかたちで描かれているということです。

地獄のおそろしさの中身という問題をあらためて考えてみると、鉄や岩で叩き潰されるとか、体が鉤に引っかかるとか、煮えたぎった赤銅の液のなかに突き落とされたりということは、想像しうるかぎりの、あるいは、想像以上に残酷で凄惨な仕打ちです。

むろん第一義的に、そのおそろしさが基本ではありますが、しかし、どんなにおそろしいことであっても、たとえば、煮えたぎった赤銅の液のなかに突き落とされたとしても、そこでジュッと焼け死んでしまえば——地獄で死んでしまえば、というのもおかしな話ですが——それで一巻の終わりということであれば、それはそれまでのこと、ともいえます。

むろん、事柄それ自体がおそろしいのであるからして、おそろしくないというのは言いすぎで、おそろしいことはおそろしいけれども、それがそこで打ち止め、一巻の終わり、ということであれば、エイッと目をつぶって飛び込んでしまえばそれで済んでしまう（楽になれる）、といったようなところがあります。

しかし『往生要集』の地獄は、そうではない。つまり、その同じことが果てしなくくりかえされるというところに、ほんとうのおそろしさがあるということです。

それは、八大地獄の最初の等活《とうかつ》地獄で、こう描かれています。

——そこでは、罪人たちはお互いの手に鉄の爪をつけて殺しあう。血肉が削《そ》げ落ちて骨だけになると、獄卒がやってきて、それを岩で粉々にする。そこに涼しい風が吹く。すると罪人たちは等《ひと》しく活《い》き返ってしまう（「等活」とはそういう意味です）。活き返ると、罪人たちはまた手につけた鉄の爪で殺しあい、骨だけになる、鬼がきて潰す、風が吹き、また活き返る……。

このくりかえしのおそろしさです。八大地獄の、どの地獄でも同じで、どこでもみな同じことがくりかえされる。地獄のどんな出来事でも、それで打ち止めとはならない。果てしなくくりかえされる。そうしたくりかえしを生きなければならないところに、地獄性の、ある本質があるということです。

地獄の話ではないが、賽《さい》の河原の話などもそうです。石を積んでは、鬼がきて壊す。石を積んでは、鬼がやってきてそれを壊す。また石を積んでは、鬼がきて壊す。石を積むという行為自体は別におそろしいことではない。しかし、いつまでも無意味なことをくりかえさなければならないという反復性・同一性のなかに、われわれをぞっとさせるようなものがあるということです。日常のなかでも、同じことのくりかえしが感じられるときは、それは何ほどかこの世における地獄性の現れです。われわれは、基本的にそうした世界に生きているということです。

地獄図絵に描かれるような残酷なおそろしさとともに、こうして同じことがくりかえされるということのおそろしさは、この世の「むなしさ」や「はかなさ」の内実ともなっています。何をどうしようとも、この世のことで、何かに帰着するとか、何かが成就されるということなどない、いくら積んでも積み立たない、賽の河原の石積みのようなものだということです。

極楽世界の描かれ方

こうした「厭離穢土」の章を受けて『往生要集』は、「浄土を欣《よろこ》んで求める」という「欣求浄土《ごんぐじょうど》」の章へと展開していきます。

さきにもふれたように、この「厭離穢土」と「欣求浄土」とは、対《つい》をなすものとして深く結びついて働いています。この世を「厭離」したいという思いは、浄土を「欣求」する思いと別個に求められているわけではありません。ふたつの思いが同時に求められていくなかで、「穢土」なり「浄土」なりのあり方が、さらに明確に画定されてくるということです。

今、自分の生きている世界が、苦しく穢《きたな》く、無常な世界であると感じられれば感じられるほど、その対極にある、楽しく浄《きよ》らかで常なる世界のあり方が思い見られてくる。そして、それが、やがてきらびやかな〝極楽世界〟というかたちで語られてくると、こちら側の世界の苦しさや穢さ、あるいは「はかなさ」が際立ってくるということです。

真っ暗な部屋で天窓がすこし開けられて、そこにすっと光が差し込んできたとき、室内が暗ければ暗いほど、その光は明るくまばゆく映える。逆にいえば、天窓の光が差し込むことで、室内の暗さがあらためて認識されるということでもあります。

さて、それでは、「欣求」すべき「極楽浄土」を、源信はいかなる世界として描きだしているのでしょうか。これまでの「厭離穢土」の章が、どぎつい、いわば極彩色で描かれているとすれば、こちらの世界は、軽やかでさわやかな淡彩色で描かれています。

宝花《ほうけ》千万種にして　弥《あまね》く池と流と泉を覆ふ
微風《びふう》、花葉《けよう》を動かすに　交錯《こうしゃく》して光乱れ転《うご》く……
無量の宝、絞絡《きょうらく》して羅網《らもう》、虚空《こくう》に遍じ
種々の鈴は響きを発して　妙《たえ》なる法音を宣吐《せんと》す

（「五妙境界《ごみょうきょうがい》の楽」）

光が溢《あふ》れ、花咲き乱れて、微風が吹いて、妙なる音が鳴っているといった、穏やかで浄らかな光景として表象されています。

極楽世界が、苦しみに惑う衆生《しゅじょう》がそれをすすんで求めるべく、最大限に願わしい世界として描かれていることはいうまでもありません。そうした願わしい世界としての描かれ方が基本ではありますが、ただ、今見たような極楽浄土の描かれ方が、いささか定型的な表現になっていることもふくめて、ここで「極楽」にまつわる若干の問題点を指摘しておきたいと思います。

退屈な極楽世界

菊池寛（一八八八〜一九四八）に「極楽」という短編作品があります。

——信心深いおばあさんが死んで極楽浄土に行くと、そこに十年前に死に別れた夫が待っている。おばあさんは喜んで蓮《はす》の上にいる夫のところに行ったが、夫はなぜか浮かない表情をしている。そこでおばあさんは生前の娑婆《しゃば》の世界の話を夫にくりかえし聞かせてやる。だが、そのうちに話すタネもなくなってしまうし、はじめは感激した荘厳美麗な極楽の風物もすっかり飽《あ》きてしまう。おばあさんが、いつまでここにこうしているのでしょうと訊《たず》ねると、「何時《いつ》までも、何時までもじゃ」と、吐き出すように答える。そして何十年と同じようなことをくりかえしながら暮らしていたある日、おばあさんが、ふと「地獄は何《ど》んな処《ところ》かしらん」と話しかけたら、そのときはじめて夫の顔に生気がもどってきた。

　およそ以上のような内容ですが、菊池のこの「極楽」には、仏教・浄土教に対するある種のとまどい、ないし批判があります。

　たしかに、極楽世界というのは、われわれの娑婆世界とも地続きの地獄世界はリアルな精彩《せいさい》で描きだせるのに比べ、十分には描き切れないところがあります。それは、極楽とは、まさにこの世界をこえた、この世のものとは思えない世界であるがゆえに、われわれの想像が追いつかないということでもあるわけですが、しかしたんにそうした理由だけにとどまらない、〝極楽〟なるものの、ある根本的な問題が、そこにはあるように思います。

　極楽とは、楽の極みという意味ですから、そこは、願望にしろ欲望にしろ、あらゆるものが満たされるところです。しかし、あらゆる願望や欲望が満たされてしまうということは、同時に、もはや一切の願望・欲望が兆《きざ》さない、願うことすら起きてこないということも意味しています。

芥川龍之介（一八九二〜一九二七）の「芋粥《いもがゆ》」という作品は、芋粥を腹いっぱい食べたい食べたいと願っている人に、嫌というほど与えてしまうことによって、「芋粥に飽きたいという欲望をただ一人大事に守っていた幸福」を失わせてしまう、という話です。

英語の want は「望む」という意味ですが、それは同時に「欠けている」という意味でもあります。「〜が欠けている」がゆえに「〜を望む」ということが起きてくるという事情を示しています。

浄土教も仏教であるかぎり、最終的には、何の欲望・煩悩《ぼんのう》も兆さないという涅槃《ねはん》（ニルバーナ nirvāna ＝火が吹き消えた状態）が目指されています。欲望・煩悩の火がメラメラと燃えているかぎり苦しみが引き起こされるから、それを吹き消すことによって、もう苦しまなくてもいい状態にいたろうということです。「寂滅（涅槃）を楽と為す」などと言われるのはそういう意味です。

「楽《らく》」と「楽しい」

「楽」と「楽しい」では、語感がすこし違います。

苦しいことがあって、その苦しみから逃れられたとき、たとえば背負っていたずっしりと重い荷物をおろしたときに感じる、ああ楽になったという、その「楽」の語感は、面白く愉快だという「楽しい」の語感とは同じではありません。

「楽」が、いわば苦しみというマイナス・負債がゼロになったところでのものであるのに対し、「楽しい」は、われわれの願望・欲望が、いわばプラスとして発動し、それが満たされたところでのものです。

極楽とは、〝楽〟の極みという意味ですが、そこには、この両方の意味合いがパラドキシカルに共存しています。「欣求浄土」という「欣《よろこ》び求める」情熱とは、まさにわれわれ凡夫《ぼんぶ》の願望・欲望そのものです。

ですから、極楽というのは、少なくともその端緒においては、そうしたわれわれの望みが全的に満たされる世界として目指されているわけです。しかし、やがてはそれが一切の願望・欲望の兆さない、沈黙・寂滅の世界にもなるというところに、仏教としての浄土教の眼目があるわけです。

「楽しさ」というものが、苦しみと糾《あざな》われながらある彩りだとするならば、その彩りさえも透過してしまうような「楽」というあり方は、つまりは、何事も起こらない、文字どおりの無事で、退屈極まりない世界ではないかというのが、さきの菊池寛の直感であり、批判です。

(逆のケースですが、ヴィム・ヴェンダース監督の一九八七年の映画『ベルリン・天使の詩』は、全能の天使が、地上の女に恋をして、堕天使《だてんし》として地上に落ちてきて何かにぶつかって血が流れたときに、突然、画面をカラーにするという鮮烈な手法で、有限者においてこそ彩りがあるというメッセージを伝えていたことを思い起こされます)。

極楽の音楽

こうした問題については、あとで西行論としても考えることにしますが、ここでは、以上のこととも微妙に関係して、もう一点だけ、極楽の描かれ方で確認しておきたいことがあります。

さきに見たように、地獄の本質に、ある種の反復性、まぬがれがたい同一性があるとすれば、極楽においては、それはどう描かれているのかという問題です。中沢新一さんの「極楽論」（『チベットのモーツァルト』）は、極楽の表象の特質として、差異性、軽やかな差異性ということを指摘しています。変わっていく、すこしずつ変わっていくこと、そうした、たえず差異が起こっていて、その差異が差異を生んで、軽やかに微動している世界、それが極楽ではないかということです。

さきに引用した「宝花千万種にして／弥く池と流と泉を覆ふ／微風、花葉を動かすに／交錯して光乱れ転く……」といった描写（もともとは『大無量寿経《だいむりょうじゅきょう》』の言葉）は、静的《スタティック》に収めとられた、いわば静止画像ではなくして、相異《あいこと》なる千万種の花が咲き溢れ、微風が行き交い、光の乱れ動く軽やかな動画です。

きらきら、さらさらと、軽やかな差異があたりを包みながら、場自体がすこしずつ変わっていく。——「交錯《こうしゃく》」「乱転《らんてん》」「絞絡《きょうらく》」「宣吐《せんと》」といった用語には、たしかにそうした軽快なダイナミズムを見いだすことができます。

ここではとりわけ「微風」が象徴的に用いられています。仏教というのは、もともとインドで起こったもので、インドの灼熱の風土のなかで、木陰にいて微風がスッとそよいだときに、それが極楽の譬《たと》えとなるのも十分理解できるところだろうと思います。

音にしても同じです。中沢さんは、ロラン・バルトなどを引きながら、音楽というのは、基本は打楽器であって、はじめはハーモニーやメロディなどもっていなかった、打つ音がそれぞれにぶつかり合いながら響き広がっていく、そういう、ハーモニーやメロディ以前の、打つ音の差異の軽やかなたわむれの世界にこそ、極楽の特権的な音楽性があると指摘しています。「種々の鈴は響きを発して　妙なる法音を宣吐す」とは、まさしくそうした音-楽のあり方を表しているように思います。

手だてとしての念仏

さて、『往生要集』は「欣求浄土」の章に続いては、「極楽証拠」の章が書かれ、そのあとの「正修《しょうじゅ》念仏」以降の章では、極楽に往生するための必要な手だてについて説かれていきます。

そのなかでとくに大事な手だて、要《かなめ》となるのは「念仏」です。それは、文字どおり「仏を念ずる」という観想《かんそう》念仏が基本であって、阿弥陀仏《あみだぶつ》の三十二《さんじゅうに》相、卓越したその相好《そうごう》を、精神を統一してありありと観ずる、というものです。

阿弥陀仏というのは、もともと無量光、無量の光に満ちあふれるという意味の仏です。ですから、念仏とは、そうしたありさまを思い浮かべることによって、自分がその光を浴びていることをイメージし、仏におのれがひとつに収めとられていることを感じとろうとする、そうした修行です。

それはすでに、①「夢の外へ」の典型としてとりあげている浄土教信仰が、微妙に②「夢（＝観想）の内へ」と重なってきていることを示しています（この点についてはまたあとで見ることにします）。いずれにしても、観想念仏というのは、念仏する側の（むろん自力の）精神の高度な集中力を要する難しい修行であり、そのために、源信もさまざまな工夫をしています。

称名《しょうみょう》念仏（「南無阿弥陀仏《なむあみだぶつ》」と口で称《とな》える念仏）も、もともとは観想念仏の補助手段でした。それはすでに、民間では空也《くうや》（九〇三〜九七二）らの布教においても広められていたものですが、時を経て百年の後には、法然（一一三三〜一二一二）がそれを唯一の正しい行と認定し、弟子の親鸞（一一七三〜一二六二）によってさらに易行化されたことで、浄土教はいっそう広まっていきます。

3 「どうせ」の論理——『古今和歌集』の眼差《まなざ》し

『古今和歌集』の無常感

「いろは歌」や『往生要集』と同じ時代に編まれた歌集が『古今和歌集』（九一三）です。当然、この歌集にもこれまで見てきたような、「夢の外へ」の志向が色濃く滲《にじ》み出ています。「はかなさ」は、『古今和歌集』を貫く基調のひとつです。ここでは「この世は夢」の思いも、なかば定型的に歌われています。

寝《ぬ》るがうちに見るをのみやは夢といはむはかなき世をもうつつとは見ず（壬生忠岑《みぶのただみね》）
寝ても見ゆ寝でも見えけりおほかたは空蟬《うつせみ》の世ぞ夢にはありける（紀友則《きのとものり》）
夢とこそいふべかりけれ世の中にうつつあるものと思ひけるかな（紀貫之《きのつらゆき》）

——寝て見るものだけが夢ではない。「はかなき」この世も、どうしても現《うつつ》とは思えない。

——亡き人の姿は夢でも見るし、寝ないでも心に思い浮かべることができる。そもそもがこの世が夢というものなのでしたね。

——よく考えてみると、この現実そのものが夢なのではなかろうか。それなのに、この世に夢でない現実があるものだと思い込んでいた。

すべて夢と現とのあいだでの感慨です。それはたとえば、桜や紅葉といった、この世において特権的な美しさを誇る景物においても例外ではありません。しばしば、「花のごと世の常ならば」と、毎年咲く桜が常なるものに比せられたり、「花をし見ればもの物思ひもなし」と、その美しさに手放しの賛嘆がなされてもいます。が、その桜も散ってしまうという問題です。

花の色は移りにけりないたづらに
わが身世にふるながめせしまに
（小《お》野《のの》小《こ》町《まち》）

うつせみの世にも似たるか花ざくら
咲くと見しまにかつ散りにけり
（詠み人知らず）

いかにこの世ならぬ美しさを誇ろうとも、なお「移り」、「散る」ことをとどめることができない。まさしく「色は匂へど散りぬるを」ということですが、その分、その称歎と悲嘆とが倍加されています。

「世中《よのなか》にたえて桜のなかりせば春の心はのどけからまし（世の中に桜というものがまったくなければ、春の心はさぞのどかだったであろうに）」（在原業平《ありわらのなりひら》『古今和歌集』）といったパラドキシカルな心情は、そうしたところで歌われています。「桜は、常なる世界の現世における具現である。まさにそれゆえに桜は散らざるを得ない」（佐藤正英「無常の文学」）ということです。

さて、そこにこそ、次のような独特な、ある発想が見いだされてきます。

久方《ひさかた》の光のどけき春の日に静心《しずごころ》なく花の散るらむ　（紀友則）
ちはやぶる神奈備山《かんなびやま》のもみぢ葉に思ひはかけじ移ろふものを　（詠み人知らず）

光のどけき春の日に、どうして静心（落ち着いた心も）なく桜花は散っていってしまうのだろうか、と嘆いています。あるいは、今みごとに紅葉している神奈備山を目の前にしながら、そのみごとさには思いはかけまい、なぜなら、それらは移ろってしまうのだから、というように溜息をついているわけです。

ここには「どうせ」の認識発想といったものが見いだされます。いま目のあたりにしているのは、満開の桜であり、燃え立つような紅葉です。それらを見ていながら、でもこれも、どうせ、散ってしまうのだ、だから私はこれには思いはかけないと言っているということです。

「どうせ」とは、副詞「どう」に、動詞「す」の命令形「せよ」の「せ」が付いたもので、「どのようにしたところで。いずれにしても。つまりは。所詮」といった意味を持つ言葉です（『広辞苑』）。

つまり、「どうせ」というのは結果・結論の先取り発想で、まだその時点に達していないにもかかわらず、その結果を「今」に先取りして、「どのようにしたところで」そうなってしまうと思われる結果・結論の状況を「今」に重ねて感受してしまう感じ方のことです。その結果・結論は必ずや否定的・消極的なものです。「どうせ」よくなるとはけっして言わない。「どうせ」終わる、「どうせ」死ぬ、です。

ここでの紀友則や詠み人知らずの無常感というのは、まさにそうした「どうせ」の発想だろうと思います。まだそうなっていないにもかかわらず、というよりも、現に目の前は満開の桜、燃え立つような紅葉でありながら、いやいや、それに思いはかけまい、どうせ移ろうもの、散ってしまうものだから、と頭《かぶり》をふって溜息をついているわけです。

そのとき、この歌人たちの視線はどこを向いているのでしょうか。そこに、あの「いろは歌」の眼差《まなざ》しを重ねて見ることができます。「思ひはかけじ移ろふものを」の「かけじ」は、「浅き夢みじ」の「みじ」と同じ眼差しです。

つまり、こちらの世界では、何にどんなに思いをかけても、それは必ず移ろってしまうものだという詠嘆は、はるか山の端をこえてあるであろう極楽世界に馳《は》せられた視線とともに発せられているということです。①「夢の外へ」という視線です。これらの詠嘆のなかには、そうした超越の志向がふくまれているということです。

万葉人の人生観

ところで、『万葉集』（七五九以後）には、これとはまったく対照的な考え方を見いだすことができます。

むろん『万葉集』の時代にも、すでに仏教、浄土教の思想は入りこんでいます。そうした思想もじゅうぶん反映されているのですが、ここでとりあげたいのは、そうした思想に異をとなえる、大伴旅人《おおとものたびと》「酒を讃《ほ》むる歌十三首」です。酒を中心とした人生の楽しみを歌った有名な歌群で、そこには、旅人自身の、あるいは万葉人《まんようびと》がもっていたであろう、ある人生観が典型的に歌われています。

この世にし楽しくあらば来む世には虫に鳥にも我はなりなむ
生ける者遂《ひとつい》にも死ぬるものにあればこの世なる間《ま》は楽しくをあらな

この世が楽しいということであれば（「この世にし」の「し」は強調の助詞）、来世、虫になろうが鳥になろうが、かまいはしないと断言しています。浄土教、輪廻思想を念頭においた、仏教の教えに対する真っ向からの挑戦です。
問題は、死後のことではなく、今を生きているこちら側のことなのだということです。あとの歌では、生きている者も最後は必ず死ぬということであれば、この世にある間は楽しくありたい、と歌っています（「楽しくをあらな」の「を」も強調の助詞）。『往生要集』や「古今（集）」の歌人たちもまた、「生ける者遂《ひと》にも死ぬるものにあれば」という認識において、「浅き夢みじ　酔ひもせず」とか、「思ひはかけじ移ろふものを」と決意しようとしたわけです。が、ここでの旅人はそうは考えない。旅人にも、さきに引用したように、「世の中は空しきものと知る時しいよよますます悲しかりけり」といった無常感がないわけではないが、むしろ、そうであるからこそ、今、せめて生きている間は楽しくありたいと願っているわけです。

『往生要集』や「古今」の歌人が、こちら側を通りこして、向こう側での楽しみを——正確には「楽しみ」ではなく、「極楽」という「楽」を——見ようとしたのに対して、万葉人である旅人は、今ここでの楽しみを楽しみたい、むしろそのためには向こう側ではどうなってもかまわないと言っているわけです。

その楽しみの代表が酒なのですが、まさに「浅き夢みじ　酔ひもせず」と断とうとした、その「酔ひ」をこそ楽しみたいと望んでいるわけです。

旅人は、酒をこう讃《たた》えます。

賢《さか》しみと物言ふよりは酒飲みて酔ひ泣きするし優《まさ》りたるらし
価《あたひ》なき宝といふとも一坏《ひとつき》の濁れる酒にあにまさめやも
世の中の遊びの道にかなへるは酔ひ泣きするにあるべかるらし

——賢しらぶってものを言うよりは、酒を飲んで酔っぱらって泣いている方がましであるようだ。

——仏教の教えが価もつけられないほどに大事な宝だといっても、一杯の濁り酒にどうしてまさろうか。

——この世の中の遊びのなかでもっとも楽しいことは酔っぱらって泣くことにあるようだ。

ついでながら、さきの「古今」の「思ひはかけじ移ろふものを」という歌は、みごとな紅葉に対して歌われたものですが、同じようなケースでも『万葉集』の場合では、たとえば、次のように歌われています。


をみなへし秋萩《あきはぎ》交じる蘆城《あしき》の野今日を始めて万代《よろづよ》に見む　（詠み人知らず）

蘆城の野に女郎花《おみなえし》や秋萩を見に行ったが、それがあまりにみごとだったので今日をはじめとしてずっと見ていよう、と素直に表出されています。

こうした「万代に見む」や、さらには「見れど飽かぬ（どんなに見ても飽きない）」といった表現は、『万葉集』には頻出しています。それは「思ひはかけじ移ろふものを」とは、正反対の発想だろうと思います。

こちら側の楽しみは、みな夢のごとく「はかなく」不十全であるがゆえに、あちら側に期待しようと「夢の外へ」と向かう古今人と、いかに不十全であろうとも、こちら側をこちら側として楽しもうとする万葉人。

――ふたつながらの相反する思いが対照されますが、われわれのなかにも、こうしたふたつながらの思いが流れているように思います。たしかに、これらふたつは方向、志向としては当面、かなり違います。しかし、それでもなお、まったくの別事ということでもないのではないかということです。

いうなれば、そこにこそ、日本の思想・文化の逆説があり、深みもあるということができます。この点については、このあとも、いくつかの作品に即して具体的に見ていきます。

4　死に急ぎの思想――『一言芳談《いちごんほうだん》』のラディカリズム

「とてもかくても」

「夢の外へ」向かう超越のあり方は、『往生要集』に典型的に見られるように、「厭離」と「欣求」という対の志向を重ねることによって、それぞれのバネの効果を相乗的に高めるしかけをもっていました。

こうした考え方は、中世になって、鎌倉から南北朝時代の『一言芳談』（一三三〇頃）などでは、よけいな意匠がとりのぞかれて、そのことだけが純粋に、またきわめて過激に語られてきます。『一言芳談』は、主として法然の念仏思想の影響を受けた遁世者たちの、生または死なるものを、短く一言で言い当てたとされる文章を集めたものです。

あひかまへて、今生《こんじょう》は一夜のやどり、夢幻《ゆめまぼろし》の世、とてもかくてもありなむと、真実に思ふべきなり。

――心をいたして、この世は一夜の宿り、夢幻の世にすぎないのだから、「とてもかくてもありなむ（どうなってもかまわない）」と、本心から思うべきだ。

「とてもかくても」という語感が独自なニュアンスをもっていますが、それは、次のような周知の文章に見られる表現でもあります。

生死《しょうじ》無常の有様を思ふに、此世《このよ》の事はとてもかくても候《そうろう》。なう後世《ごせ》をたすけたまへと申《もうす》なり、云々。

――迷いの生死、また無常のありさまを思えば、この世のことはもうどうでもいい。どうぞ何とか後世をお助け下さい。

この文章は、小林秀雄が「無常という事」という文章の冒頭に置いて有名になったものです。この世は無常だということが現代人にはわからなくなった、それは、こうした切実な願いや祈りがわれわれに失われたからだ、と小林は指摘しています。十全であるであろうあちら側を求めないところでは、不十全なこちら側もそれとしては見えてこない、だから「厭離」しようともしないということです。

『一言芳談』においてこの世は、どうあっても完結しえない世界です。

穢土《えど》の事はいづくも心にかなふ道理あるべからず。ただ少難をば心に忍ぶべきなり。たとへば、悪風にあへる舟の中にて、艫《とも》へ行き、舳《へ》へゆかんとせんがごとし。

――この世、穢土世界のことは、どんな問題であれ、最終的にきちっと心にかなうような道理はない。ただ、ちょっとした困難を我慢する程度のことでしかない。それはたとえば、暴風に遭った船のなかで、船先に行ったり船尻《ふなじり》に逃げる程度のことであって、逃げ切る、あるいは助かるということはありえない。

生の希薄化

・解脱上人《げだつしょうにん》食事の気味《きみ》覚《おぼゆ》るをいたみて、調《ととの》へたる物に水をいれたまひき。
・後世をおもはんものは、糂汰瓶《じんだがめ》一つも、もつまじき物とこそ心えて候《そうら》へ。

食事の味わいを覚えるのをおそれて調理されたものに水を加えたという用心も、「糂汰瓶（ぬかみその瓶）一つも、もつまじき」という意志も、すべて「此世の事はとてもかくても候」という姿勢から来るものです。そこでは、この世の生の、いわば希薄化が図られています。このことと、次のような死に急ぎの姿勢は別事ではありません。

・死を急ぐ心ばへは、後世の第一のたすけにてあるなり。
・我は遁世《とんせい》の始よりして、疾《と》く死《しな》ばやと云事《いふこと》を習《ならひ》しなり。
・八万法門は死の一字を説く。
・あやまりて死なむは、よろこびなりとだに存ずれば、なに事もやすくおぼゆる也。
・一生はただ生をいとへ。

ここでは、ひたすら「死を急ぐ心ばへ」が求められています。「疾く死ばや（はやく死にたい）」ということを習う修行です。あらゆる教え（「八万法門」）は「死の一字を説」いているのであって、そこでは、むしろ間違って死んでしまうことは喜びだとさえ思えれば、何事も安らかに感じられるのだ、と。あるいは端的に、「一生はただ生をいと」うことだ、とも言い切られています。

死に急ぎは、厭生《えんしょう》（今生《こんじょう》を厭う）と願生《がんしょう》（往生を願う）のふたつ重ねの思惑によって相乗されてせかされていきます。が、『往生要集』の「厭離穢土」「欣求浄土」のような、経文混じりの説教とは違い、こうした、端的な短い言葉で言いとられてくると、その分、その過激さが際立ってきます。
ほとんど退廃と紙一重のところで、「一生はただ生をいとへ」と言い放たれており、そこには、このあと見るような、詩歌・文学がもっている、ある独特のたゆたい・ためらいというようなものは見いだすことはできません。ただひたすら「夢の外へ」、あちら側にこえ出たいという姿勢だけが強調されてきています。
さらに、ここでは次のような心がけも要求されてきます。

往生をおもはん事、たとへばねらひづきせんとする心ねをもつべし。

往生を遂げようと思うのなら、「ねらひづきせんとする心ね」をもて、と。「ねらひづきせんとする心ね」とは、しっかりとねらいを定めて、それに向かおうとする決意ですが、それはまた、次のようにも説明される事柄です。

・篦《の》をたむるに、片目をふたぎて、よくためらるる様に、一向専修《いっこうせんじゅ》もよこめをせざれば、とく成也《なるなり》。

・日来《ひごろ》後世の心あるものも、学問などしつれば、大旨《おほむね》は無道心になる事にてあるなり。
・無智にぞありたき。
・あか子念仏がよきなり。
・聖教《しょうぎょう》をも持《じ》せず。僧にもあらず、俗にもあらぬ形にて、つねに西に向《むかっ》て念仏して、其余《そのよ》は忘たるがごとし、云々。

弓矢をまっすぐにする（篦をたむる）とき、片方の目をつぶるとうまくいくとか、学問などは不要で「無智」の方がよいとか、あるいは、赤ん坊のようになるのがよい、などと説かれています。また、ひたすら「西に向」から以外、「其余（その他のこと）は忘たるがごと」くせよ、とも。

一般的にいえば、それは、集中、あるいは収斂ということであって、まさに「夢の外へ」と向かうベクトルの特化といえます。しかし、さきに観想念仏のところでもふれたように、「夢」という言葉の内実如何《いかん》では、かなり微妙に「夢の内へ」とも交錯してくるところがあります。

つまりそれは、たんに目を覚ます、醒《さ》ますということではなく、同時に、「目をつぶる」ことでもあるからです。「片目をふたぎ」「よこめをしない」、「無道」「無智」になり、「其余は忘たるがごと」きものとして、それ自体、もうひとつの「夢」を見ることだともいえるということです。

自力無効の「はかなし」

日本の浄土教思想は法然・親鸞において深められ（あとでもふれるように、とりわけ親鸞の場合には、死後の彼岸往生は必ずしも絶対化されていませんが）、ともあれ、室町時代以降、蓮如《れんにょ》（一四一五〜九九）らの努力によって、あらたな教団経営もなされ、その過程で多くの信徒も獲得されます。浄土真宗の隆盛は蓮如によってもたらされたのであり、それが現在にまでいたっています。

蓮如の教化・布教の核となったのが、平易な日常語で説かれた「御文《おふみ》」ですが、なかでもとりわけ、「白骨《はっこつ》の御文」と呼ばれる、次のものが有名です。

それ、人間の浮生《ふしょう》なる相をつらつら観ずるに、おほよそはかなきものは、この世の始中終《しちゅうじゅ》、まぼろしのごとくなる一期なり。……朝《あした》には紅顔ありて夕べには白骨となれる身なり。……されば、人間のはかなき事は、老少不定《ふじょう》のさかひなれば、たれの人もはやく後生《ごしょう》の一大事を心にかけて、阿弥陀仏をふかくたのみまいらせて、念仏まうすべきものなり。

蓮如もまた、「この世の始中終（少年・壮年・老年の一生）、まぼろし」、人の世の「はかなさ」を前面に押しだすことで「はやく後生の一大事を心にかけ」よ、と説いています。「はかなさ」を感じとる感性は、「はか-ある」という自力の無効性としての他力感情につながります。こうした蓮如の思想もまた、「いろは歌」や『往生要集』、『一言芳談』など、これまで見てきたものと力点のおき方に多少の異同はあるにしても、基本的な思想構造は同じです。

5「いかでかはこの世のことを思ひすつべき」
——和泉式部《いずみしきぶ》のためらい

捨てられぬ世界

　これまで見てきたのは、この世を「はかなき」夢として「夢の外へ」と目覚めていこうとする超越の、とりわけ、その純化されたあり方でした。そこでは「此世の事はとてもかくても候」、「一生はただ生をいとへ」とさえ言い放たれていました。
　しかし、現にこの世に生きる者にとって、「夢の外へ」の促《うなが》しは、教えとしては頭で理解しえたとしても、必ずしも容易には果たすことのできない志向であったことも事実です。そこに、思いは「外へ」と引かれながらも「内へ」たゆたうという事態が出てきます。さきにも引いたように、「夢よりもはかなき世の中を、嘆きわびつつ明かし暮らすほどに」と、日記に書きつけていた和泉式部（九七八頃、没年不詳）は、愛する宮に死なれて、こうも歌っています。

　はかなしとまさしく見つる夢の世をおどろかで寝《ぬ》る我は人かは

（『和泉式部続集』）

——夢のようなこの世のはかなさを、宮に死なれて確かに見て知ってしまったのに、相も変わらず夢の世から目覚めもしないでいる（古語の「おどろく」は目を覚ますという意味）、そんな私は果たして人でしょうか。

こうした思いと、以下のような思いとは、そう遠くない感慨です。

うき世をばいとひながらもいかでかはこの世のことを思ひすつべき

（『和泉式部歌集』）

この世を「夢よりもはかなき世」と知り、また「うき世をばいとひながら」、かといって、どうしてこの世のことを思い捨てることができようか。「夢よりもはかなき世」だからといって、こちら側のことは「とてもかくても候」とは思い切れないといった嘆きです。

『源氏物語』薄雲《うすぐも》巻に、「夢のわたりの浮橋か」という光源氏の言葉があり、それは作者未詳の、次のような歌をふまえたものとされています。

世の中は夢のわたりの浮橋かうち渡りつゝ物をこそおもへ

（『源氏物語』）

――この世の中（男と女の仲）は、夢の渡りの浮橋のようなものなのか。そこを渡りながら、ただもの思いをすることしかできないものだから。

考えてみれば、『源氏物語』は、主人公の光源氏も紫上も、またそのあとの登場人物たちもみな、最後は出家しようとしています。この世に生まれ、この世を楽しみ、悲しみ、悩みながらも、最後は頭を剃《そ》って仏門に赴《おもむ》こうとしているわけです。そういう意味では「夢の外へ」という方向をたどっているといえます。

しかしなお、これらの文学の主要なテーマは、「此世の事はとてもかくても候」と言ってしまわないところに、つまり「うち渡りつゝ物をこそおもへ」という、その揺れ動く「思ひ」のさまざま――亀井勝一郎のいわゆる「たゆたい」（『王朝の求道と色好み』）を描くところにこそあったということです。

夢の両義性

それらは、けっしてたんにこえられるべき、否定されるべきものとして描かれているわけではありません。夢と知りつつ、なおその夢を捨てることができないということですが、和泉式部の歌にもどれば、「いかでかはこの世のことを思ひすつべき」という彼女の言葉には、もうすこし強い調子がこめられています。

つまり、それはけっしてたんに「夢の外へ」とこえ出ようとしてそれが果たせないといった消極的な慨嘆ではなく、そこにはむしろ、この世の中（男と女の仲）を生きることを背負いこもうとする、いってしまえば「夢の内へ」の覚悟のようなものがあります。

そこではむろん、「夢」はたんたる「はかなさ」の譬えではなく、それ自体に、ある種の超越性や切迫したリアリティをもつものという夢の意義も付加されてきています。

うたゝ寝に恋しき人を見てしより夢てふものは頼みそめてき　（小野小町『古今和歌集』）

あふことのたゞひたぶるの夢ならばおなじ枕に又もねなまし　（静円《せいえん》『後拾遺《ごしゅうい》和歌集』）

――うた寝で恋しいあの人を見てしまってからというもの、夢というものを頼りにしはじめるようになった。この夢は、すでにたんなる「はかない」ものでなく、頼みにもなるべき夢である。

――会ったのがただ一途《いちず》に見た夢の中であったとするなら、もう一度その同じ枕で、同じ夢を見たいものだ。

その夢は覚めたい夢ではなく、むしろ、いつまでも見続けていたい、もう一度見たいと強く願うような夢のことです。

うたゝ寝にはかなく覚めし夢をだにこの世にまたは見でややみなん
（相模《さがみ》『千載《せんざい》和歌集』）

――うたた寝するうちに見たはかない夢ですら、この世では再び見ることもなく終わってしまうのだろうか。

夢は「はかなく覚めし夢」である一方、他方で、もう一度見たいとも期待される、現実にはかなわない「もうひとつの現実性」をもった不思議な出来事としても求められています。夢は、こうした両義性をもつものとして受けとめられ、生きられていたということです。

6 「閑居の気味」の位置――『方丈記』の自省のあり方

世を諦《あきら》める

鴨長明《かものちょうめい》（一一五五頃～一二一六）の『方丈記』（一二一二）は、日本の隠遁思想の典型とされていますが、そこには、もうひとつの典型とされている『徒然草』とは、かなり質の違う隠遁が描かれています。

『方丈記』の書き出しは、「ゆく河の流れは絶えずして、しかももとの水にあらず」で始まり、すべてが変わりゆくという、常套的な無常感が語られ、最後「世の中にある人と栖《すみか》と、またかくのごとし」と引きとられています。こうした書き出しは、この短い随筆が、おもに人と栖の無常なるあり方にこだわって書かれることの予告になっています。以下、長明はこう続けます。

予《よ》、ものの心を知れりしより、四十《よそじ》あまりの春秋を送れるあひだに、世の不思議を見る事ややたびたびになりぬ。

物心がついてから四十年あまり経ったが、その間に「世の不思議」をたびたび見てきたと、そして、具体的には、大火事、辻風《つじかぜ》、都遷《みやこうつ》り、飢饉《ききん》、大地震といったことがかなりくわしく、またリアルな実体験として報告されています。

これらの出来事を「世の不思議」と受けとめているところに、世は末になったという末法思想の影響がうかがわれますが、こうした「世の不思議」として表れた末法性と、直前に語られた無常性とは、とくに分けて考えられてはいません。両方を合わせて受けとめて、長明は、次のような結論を引き出してきています。

すべて世の中のありにくく、わが身と栖とのはかなくあだなるさま、またかくのごとし。

この世の中は生きにくいということ、「わが身と栖」とが「はかなくあだ」であるというのがその結論です。そして、そのことをふまえて、だから自分はこの世を捨て隠遁したのだというわけです。栖については、具体的に、金持ちの隣に住むと肩身がせまいし、狭地だと火事が恐いとか、辺地だと盗賊などの心配があるとか、あれこれ書き連《つら》ねています。

しかしようやく世を遁《のが》れることになって、大原山や日野山の麓に、もとの住まいの十分の一、百分の一ほどの、一丈四方(四畳半程度)の庵《いおり》を建て、やっと落ち着いてきたとも書いています。『方丈記』とは、そうした狭い庵において書き記したものだとみずから名づけたものです。

事を知り、世を知れれば、願はず、わしらず、ただ静かなるを望みとし、憂へ無きを楽しみとす。

無常や「世の不思議」を感じ、この世の生きにくさ、また「はかなくあだなる」さまをつくづく知ったので、もう願わないし走りまわらない。何かを願い、走りまわるがゆえに、それがかなえられない苦しみが生みだされるのだから、「ただ静かなるを望みとし、憂へ無きを楽しみ」としよう、と。それは、現実世界からドロップ・アウトすること、リタイアすることです。ある種の諦めということです。

さきにもふれたように、ここでの「楽しみ」の使い方は、むしろ、「苦」がないことという意味での「楽」ですが、それに重ねて次のように述べられてくると、そこはすこし微妙になってきます。

　ただ仮の庵のみのどけくしておそれなし。……閑居の気味もまた同じ。住まずして誰かさとらむ。

ここでは、諦めているとはいえ、「仮の庵」の「のどけくしておそれなし」という「閑居の気味（閑《しず》かであることのよろしさ）」が、むしろ強調されています。

〝諦める〟という言葉は、「明らめる」ということで、明らかにされた如何ともしがたい事態を、まさに如何ともしがたいものと受けとめることですが、その受けとめ方は多様です。

ここでの「諦め」は、英語を使うと、わかりやすいところがあるので、英語表現で説明します。英語で「諦める」は、受動形で be resigned（退《しりぞ》かされる）と表現される消極的な事態を示しています。しかし、それはときに、能動形で、resign oneself to という言い方をすることがあります。その場合には to 以下に目的語をとります。つまり、自分をたしかに退かせはするけれども、それはある目的へと退かせるというかたちをとっているということです。たとえば、resign oneself to God と言うと、神に退く、というよりも、むしろ他のことをすべて諦めて、神だけに収斂していく、帰依《きえ》する、といった積極的な意味合いになります。

ある意味では、さきに見た「厭離穢土」、「欣求浄土」にも、こうした resign oneself to の思想構造を見いだすことができます。われわれを「穢土」から resign させて、to「浄土」へと収斂させる、ということです。

さて、『方丈記』の場合は、どうでしょうか。長明のこの隠遁も、たしかにこの世から退かされてはいますが、見方によっては、その後退は、同時に「のどけくしておそれなし」という「仮の庵」への限定・集中であるともいえます。そこは、すでに「はかなくあだ」でない、つまり、無常や「世の不思議」に出遭《あ》わなくともよい、それらの埒外《らちがい》の世界として受けとめられているということです。

西の方は山がなく見晴らしがよく、春には藤が紫雲のごとく西方を彩り、夏にはホトトギス、秋にはひぐらしが鳴き、冬には雪が趣深い。そこで、琵琶《びわ》を弾いたり、読《ど》経《きょう》をしたり、遊行《ゆぎょう》をしたり、山菜を摘んだり、と、好きなときに好きなことをする。

人に使われもしなければ、人を使いもしない、自分の手足は思いどおりになるのだ、と。長明は、それを「閑居の気味」と名づけて、その方丈世界を「のどけくしておそれな」い世界として誇っているわけです。

『方丈記』には、「はかなくあだ」なる夢の世界から、その「外へ」とこえ出ようというベクトルがたしかにあり、それが、山の麓の、西に向かって開けた小さな庵にまで長明を追い込んでいます。それゆえ、それは「仮の庵」と意識されてはいますが、しかし、かといってそれは、『一言芳談』のように、ひたすら西方へと思いを馳せる姿勢のものとしてではありません。この世（あくまで、この俗世間の意味ですが）を捨て、山麓の辺境の地にまで退きながら、なおそこで「のどけくしておそれなし」と言い切れるような、無常の埒外としての、望ましい世界を築いてしまっているからです。

そのかぎりでは、そこには、すでに「外へ」ではなく、この世の内に在る、そこに在り続けようとするという、「内へ」の志向を見いだすことができるだろうと思います。「閑居の気味」とは、いうまでもなく、それ自体ひとつの執着です。

「閑寂に著する」——『方丈記』の微妙な位置

しかし、その『方丈記』も、最終部においては、ふたたびこう言いだしてきます。

そもそも一期《いちご》の月影かたぶきて、余算《よさん》の山の端《は》に近し。……仏の教へ給ふおもむきは、事にふれて執心《しゅうしん》なかれとなり。今、草庵を愛するも、閑寂《かんじゃく》に著《ぢゃく》するも、さばかりなるべし。

月が傾いて山の端に沈むように、自分の余命も少なくなったことを意識したとき、こうした反省がわいてきたということです。自分はこの世を捨てて、こうして小さな方丈世界に退き、「ただ静かなるを望みとし、憂へ無きを楽しみと」して生きてきたが、そのわずかの「楽しみ」も、ひとつの「執心」であり、仏道の妨《さまた》げとなるのではないか。それすらも捨てていかなければならないのではないか、と。

「いかが要なき楽しみを述べて、あたら時を過《すぐ》さむ」、——もうこれ以上、不要の楽しみを述べて貴重な時間を浪費できない、と、『方丈記』は、最後こういう文章で閉じられています。

ただかたはらに舌根《ぜつこん》をやとひて不請《ふしょう》阿弥陀仏両三遍《りょうさんべん》申してやみぬ。

非常にふくみのある言い方です。最後にきて、みずからを省《かえり》み、殊勝にも、あれだけ誇った「閑居の気味」を捨てて「外へ」向かおうとした、その向かい方がこう表現されているからです。

そこで念仏が称《とな》えられるのですが、しかしそれは、「ただかたはらに」、あるいは「舌根をやとひて」「不請の念仏（請わずともお救い下さる念仏とも、請うこともできない念仏とも、諸説あり）」を、二、三度称えただけだった、と終えています。

ここにもまた、「外へ」と向かおうとする方向と、しかし、「外へ」も行き切れない、かといって「内」にもとどまり切れない、とする長明の、揺れる思いが表明されています。その意味で、「外へ」と「内へ」の、ふたつながらに牽《ひ》き合う、微妙な位置に、『方丈記』の世界はあったということができるように思います。

「外へ」と「内へ」の、ふたつながらに牽き合う、微妙な位置という言い方をすれば、浄土教の親鸞の思想にも同じようなことが指摘できます。

親鸞思想もむろん浄土教として、基本的には、浄土に往生して成仏するという考え方をとっていますが、同時に、信じ念仏をするならば、そのときその人は、そのままでもう必ず仏になることができる身分になるのだとも教えています。

弥陀の誓願不思議にたすけられまいらせて、往生をばとぐるなりと信じて、念仏まうさんとおもひたつこころのおこるとき、すなはち摂取不捨《せっしゅふしゃ》の利益《りやく》にあづけしめたまふなり。（『歎異抄』）

――不思議な阿弥陀仏の誓願（衆生の救済を願って立てられた誓い）に助けられて、往生できると信じてすすんで念仏を称えようとする心が起こるとき、そのときただちに、「摂取不捨の利益（救われて捨てられることのない利益）」にあずかることができるのだ。

「摂取不捨の利益」にあずかるのは、来生ではなく、この現生の、この身において、です。この考え方は、親鸞思想の肝心なところで、われわれは、ほんとうに信じ念仏をすれば、必ずしも来世を待たずして、その瞬間に仏と「等しい」存在になるのだという考え方です。むろん、生身にはまだ煩悩をまとっているから、仏そのものにはなれない。その意味で、けっして「同じ」ではないが、「等しい」存在にはなれるのだ、と。

信心よろこぶそのひとを　如来にひとしとときたまふ。

(『浄土和讃』)

7 「ゆくへも知らぬわが思ひかな」——西行のふたつの「夢」

「身を捨ててこそ身をも助けめ」

西行（一一一八〜九〇）は、鴨長明とほぼ同時代を生きた人です。「夢の外へ」・「夢の内へ」ということでいえば、西行もまた長明と同じようなところに位置づけられます。

まず、西行を、生涯せきたてたであろう思いを歌った歌を二首挙げておきます。

世の中を思へばなべて散る花のわが身をさてもいづちかもせん（『新古今和歌集』）

さてもこはいかがすべき世の中にあるにもあらずなきにしもなし（同）

――世の中のことを思うと、すべて散る花である。ほかならぬこのわが身もそうなのだが、それにしてもわが身はいったいどこへ行くのであろうか。

――さて、自分はそれをいったいどうしたらいいのか、この世にあるともいえず、ないともいえない、そんな存在で。

「世の中を思へばなべて散る花」、あるいは「あるにもあらずなきにしもなし」とは、これまで見てきた「色は匂へど散りぬるを」であり、「ありてなければ」の思いです。そうした無常感のなかで、西行もまたみずからを、「いづちかもせん」、「こはいかがすべき」と問い立てていたわけです。

西行は二十三歳のときに、武士の身分を捨て、また妻子を捨てて突如として出家しています。出家の具体的理由はわかっていませんが、出家の際に次のような歌を残しています。

世を捨つる人はまことに捨つるかは捨てぬ人こそ捨つるなりけれ　（『山家集』）

惜しむとて惜しまれぬべきこの世かは身を捨ててこそ身をも助けめ　（同）

「世を捨つる人」とは、出家しようとしている西行自身のことです。自分は、今こうして、世を捨てようとしている。けれども、「世を捨つる人」はほんとうに世を捨てているのだろうか。そうではなく、むしろ、世を捨てないで、それにしがみついている人の方が世を捨てているのではないか、と。

あとの歌も、まったく同じ論理で、この世のことは、どんなに惜しいと思っても惜しみ切ることはできない、だからこそ自分は、この身を捨てることにおいて、この身を助けたいのだというわけです。

『西行物語』という、あとで書かれた伝記に、こういう有名な場面があります。

——出家するときに、四歳のかわいい盛りの娘が西行を追いかけてきた。そのとき西行は、これこそ煩悩の絆よ、と、涙ながらにその娘を蹴飛《けと》ばして出家した。

物理的に蹴飛ばしたかどうかはわかりませんが、出家であるからして、少なくとも精神的にはそれに等しいことをしたことは事実だろうと思います。

しかし西行にしてみれば、捨てることによって捨てない、捨てることによってこそ助ける、という思いがあったはずです。こちら側の世界のことは、わが身をはじめ、娘もふくめてすべて散ってしまうという、「ありてなければ」の無常の世界だからです。そうしたあり方は、西行においてもまた、夢として感じとられています。

亡き人も在るをおもふも世の中は眠りのうちの夢とこそ見れ　（『山家集』）

来《こ》し方の見し世の夢にかはらねば今も現《うつつ》の心地やはする　（同）

死んだ人を見るにつけても、生きている人を見るにつけても、この世の中はつくづく眠りのなかの夢のように思われるとか、過ぎし過去をふりかえると、これまで見てきた夢と何ら変わらないので、今もこうして現実に生きてはいるけれど、それがどうして現実と思えようかなどと、いくぶん定型の表現で歌っています。

心は西方へ

そうした思いは、当然、夢から覚めていく方向に西行を押しやろうとします。それが、出家・遁世ということです。

ながらへてつひに住むべき都かはこの世はよしやとてもかくても　（『山家集』）

これは人にあてて歌われたものですが、西行自身のある種の決意も語られています。――ずっとながらえて都に住んでいることなんてできようか、この世のことは、ままよ、どうでもいいではないか。

「この世はよしやとてもかくても」とは、まさに『一言芳談』の、「此世の事はとてもかくても候」と同じ表現になっています。この世のことはもういい、と言ったとき、そこには同時に、この世ならぬ、あの世のことが思い見られているということは、すでに見てきたとおりです。

西にのみ心ぞかゝる菖蒲草《あやめ》此世《このよ》は仮の宿りと思へば　（『山家集』）

西を待つ心に藤をかけてこそその紫の雲を思はめ　（同）

入日さす山のあなたは知らねども心を兼ねておくりおきつる　（同）

これらの歌はいずれも「西を待つ心」が主題となっています。最初の歌は、目の前に咲いている菖蒲もまた、「仮の宿り」のものと思うから、西方にのみ心がかかるのだ、と。それは、さきに見た『古今和歌集』の「もみぢ葉に思ひはかけじ移ろふものを」とほとんど同じ言い方になっています。

次の歌もまた、紫の藤の花を念ずることで、紫雲たなびく西方浄土を思い浮かべるという、そうした「西を待つ心」がそれとして歌われています。最後のものは、「入日さす山のあなた」とは、西、西方浄土です。それは「あなた」、彼岸のことゆえに「知らねども」と言わざるをえないが、しかし、自分は「心を兼ねて（前もって）」そちらの方に送りおいているのだ、と言っています。つまり、そうした西行というベクトルそのものは、「有為の奥山今日こえて」（「いろは歌」）とそれほど変わるところはないといっていいように思います。

驚く心、憧れ出でる心

驚かぬ心なりせば世の中を夢ぞと語る甲斐《かい》なからまし　（『山家集』）

――目覚めようとする心がなければ、この世は夢と語っても意味がないだろう。

これは、典型的な「夢の外へ」の志向ですが、そのことを押さえたうえで、問題はその先にあります。つまり西行の場合、その志向は、『一言芳談』のように、ひたすら生を厭って向こう側へと行ってしまわないというところ、その行きつかないというところ、目を覚ましえないというところにこそあるからです。

いつの世に長き眠《ねぶ》りの夢のさめて驚く事のあらんとすらん　（『山家集』）
世中《よのなか》を夢と見る見るはかなくも猶《なほ》おどろかぬわがこころ哉　（同）
驚かんと思ふ心のあらばやは長きねぶりの夢も覚《さむ》べき　（同）

いずれも「驚く」ことが望まれながら、その歌われ方は微妙です。

――いつになったら、この長い眠りの夢が覚めて驚くことがあるのだろうか。

――世の中が夢のようにはかないものだとよくよく知っていながら、それでもどうしてわが心は目覚めないのだろう。（さきに引用した独歩の「驚異」という詩の冒頭に引かれていたものです）。

――驚こうと思う心があるならば、長い眠りの夢を覚ますことができたであろうか。

「驚かんと思ふ心」が、出家者である西行にないわけはないのですが、それでも「猶おどろかぬわがこころ哉」と突き放したような言い方で、みずからの驚きえない心といったものを嘆き、見つめています。

それはつまり、出家・遁世が完遂できないということなのですが、そこに、西行に独自な、数多くの自省・自照・嗟嘆《さたん》の歌が作られてきます。

世中を捨てて捨て得ぬここちして都離れぬ我身なりけり　（『山家集』）
こころから心に物を思はせて身を苦しむる我身なりけり　（同）
何處《いづく》にか眠り眠りて仆《たふ》れ伏さんとおもふ悲しき道芝の露　（同）

世の中を捨てはしたけれども、それでもなお捨てえぬ心地がして、いつまでも都を離れないでいるわが身だなあ。心から心にあれこれもの思いをして、わが身でわが身を苦しめていることよ。そうであるなら、自分は結局、いずれは旅の途中で倒れ、道芝の露になってしまうのだろうか、等々、と。

小林秀雄「西行」は、そのように思いめぐらす「自意識が彼の最大の煩悩だった」

と指摘していますが、たしかに西行をひたすらなる「厭世」、「欣求」へと押しやらなかったものは、次のような「煩悩」のあり方でもあります。

とにかくに厭《いと》はまほしき世なれども君が住むにも惹《ひ》かれぬるかな　（『山家集』）
花見ればそのいはれとはなけれども心のうちぞ苦しかりける　（同）
ともすれば月すむ空にあくがるゝ心のはてを知るよしもがな　（同）

「厭はまほしき」とは、厭うことがのぞまれるという意味です。とにかくこの世を厭い捨てたいとは思うけれども、あなたがこの世にいることが心掛かりで捨てられないのだともらしています。それは、まさに恋のエロスなのですが、二番目、三番目の歌にも見られるように、その対象が花であれ月であれ、ほぼ同じ調子で歌われています。桜を見ると、どういうわけかわからないけれど、心のうちが苦しくなる。あるいは、月を見ると、その心の果てがどうなってしまうのかわからなくなるほど、憧《あこが》れ出《い》でていってしまうのだと、統御できない思いとして、これらは歌われています。

七十歳を目前にした西行は、自分の死を予感しながら、遠く東北へと旅立っています。その路程で富士山を見て歌ったのが、次の歌です。

風になびく富士の煙の空に消えてゆくへも知らぬわが思ひかな　（『山家集』）

恋に惹《ひ》かれ、花を見て苦しみ、月に憧れ出でて、果てはどうなってしまうのだろうという、そうした思いと、ほぼ同じ思いのなかで歌われています（この歌は、「西行上人集」では「恋の部」に入れられています）。それは、単純に向こう側へと「今日こえて」（「いろは歌」）行こうというのとは異なる、まさに「ゆくへも知らぬわが思ひ」としかいえないものだろうと思います。

花に染む心

花に染《そ》む心のいかで残りけむ捨て果てゝきと思ふ我身に　（『山家集』）

むろん、西行も出家・遁世者として、この世の欲望を厭い捨てようとしています。そこに、どうして花に染まる心、執着する心が残るのだろう、捨て果てたと思うわが身に、といった自省が起こってこざるをえないわけです。
こうした自省・嗟嘆をふまえて、「さてもいづちかもせん」、「さてもこはいかがすべき」ということを、西行自身がどのように問い答えたのか、西行論の肝心なところになりますが、佐藤正英さんの『隠遁の思想――西行をめぐって』では、「花に染む心」と「捨て果て」る心の間の関係は単純な二律背反の関係ではないと、こう指摘されています。

西行において、隠遁することとは、その多情多恨《たじょうたこん》をきわだたせることであった。いいかえれば、多情多恨たることとの単純な否定ではなく、むしろ多情多恨たることに殉じ、その中により一層のめり込んでいく在りようを、西行にもたらすことであった。もの思いを思い尽すことによって、もの思いから脱しようとしたのだ、といってもいいであろう。

多情多恨の単純な否定ではなく、むしろ多情多恨のなかにのめり込むことによってそれを内から突きぬける。つまり、もの思いを思い尽くすことによって、そのもの思いの先に行こうとしたのだという指摘です。「花に染む心」を捨てるのではなく、むしろ、その「花に染む心」へとのめり込むことによって、「花に染む心」の向こう側に行こうとしたということです。

ねがはくは花のしたにて春死なんそのきさらぎの望月《もちづき》の頃　（『山家集』）
ほとけには桜の花をたてまつれ我が後の世を人とぶらはば　（同）

――願わくは、満開の花のもとに、また満月の如月（お釈迦様の入滅《にゅうめつ》した頃）に死にたいものだ。
――自分が死んで仏になったときには、どうか桜の花を手向けてほしい。人が私の後の世をとむらうならば。

ここでは、花と月と、そして仏とは、背反するものとしては語られていません。花や月、さらには恋などへのもの思いは、それ自体にのめり込むことにおいてこそ、それらに共通するところの、ある向こう側に突きぬけることができるということだろうと思います。

こうした方向は、たしかに大枠では、①「夢の外へ」の志向ではありますが、実質的には、かなり②「夢の内へ」の志向にくいとめられているともいえます。

木のもとの花に今夜は埋《うず》もれて飽かぬ梢《こずえ》を思ひ明かさん　　（『山家集』）

樹下に降りそそぐ、その桜花に埋もれながら、いつまでも見飽きない梢の花を一晩中恋し明かしたいと歌うこの歌には、「思ひはかけじ移ろふものを」といったベクトルは見いだせません。むしろ、存分に思いをかけようとする、今ここに降りそそぐ桜の花びらに埋もれていようというあり方が選びとられています。そうすることによって「飽かぬ梢を思ひ明かさん」としているわけです。それはすでに、②「夢の内へ」の志向ということもできます。

西行のふたつの「夢」

むろんそこでは、夢の意味そのものが変容してきています。そうした視点からあらためて、西行の用いる夢という語の使い方を見なおしておきたいと思います。

現《うつつ》をも現とさらに思へねば夢をも夢と何かおもはん　（『山家集』）

逢ふと見しその夜の夢の覚めであれな長き眠《ねぶり》は憂かるべけれど　（同）

――この現実がまったく現実とは思われないので、夢だってそれが（現実ではなく）夢であると、どうして思えようか。

この歌には、見てきたように、以前にもさまざまな類歌があって、そのうえで歌われているのですが、ここでは、単純に目覚めるべきものではないものとして「夢」がとらえられています。

また、あとの歌では、あの人との逢瀬《おうせ》を夢に見た、その夢が覚めなければいいのに、この世の長い眠りから覚めないことはつらいけれど、と、ここでは明らかに異なる二種類の「夢」がはっきりと意識されています。

なかなかに夢にうれしき会ふことは現に物を思ふなりけり　（『山家集』）

会ふとみる事を限れる夢路《ゆめじ》にて覚むる別《わかれ》のなからましかば　（同）

――なまじいに夢であの人にうれしく会ったりすると、覚めたあとの現実でもの思いを起こすことになる。

――あの人に会う夢を見たけれども、その夢が覚めるとそこで終わってしまう、覚めなければ、その別れはなかったのに。

現実にあったことよりも夢の方が慕わしく思われ、むしろ覚めないでほしいものとして夢が願われています。その他、同じような歌は数多くありますが、こうしてあらためて見てくると、西行には（にも、と言うべきか）、覚めていこうとする「夢」と、覚めたくないものとしての「夢」とが同居・交錯しながら使われていることがわかります。いうまでもなく、その二義性は、さきに見たような西行の思いの二義性でもあります。

III

「夢の内へ」

一 「妄執」のゆくえ――謡曲の鎮魂

「夢の内へ」向かう

鴨長明や西行の場合は、枠組みとしては①「夢の外へ」でありながら、実質的には、相当な質量で、②「夢の内へ」という方向で語りだされてきていたことを見てきました。

しかし、中世も深まり、時代がすすんでくると、やがて①「夢の外へ」のリアリティ、生きる思想としての手応えといったものが徐々に薄れてきます。それにしたがって、②「夢の内へ」、③「夢と現《うつつ》のあわいへ」といった志向が、それぞれ現れてきます。

ここではまず、②「夢の内へ」の志向、つまり、この世は夢、ならばさらにその内へと、いわば夢中にのめり込んでいくといった考え方について見ておきたいと思います。具体的には、中世後期から近世初期にかけて成立した、謡曲、『閑吟集《かんぎんしゅう》』、『葉隠《はがくれ》』などをとりあげます。

まず謡曲を見ます。

謡曲とは、いうまでもなく能の脚本です。能は、鎌倉後期から室町初期にかけて、広い層に支持される芸能として定着したもので、当時の日本人の考え方・感じ方をうかがうに格好の材料となっています。

能・謡曲の大事なテーマのひとつに、人が人と出会って、楽しみ、喜び、苦しみ、そして別れ、悲しみ、恨む、といった出来事を、一方では、それらがすべて夢のように「はかない」ことだと知りつつも、なおかつそこにこだわり、そこにしがみつかざるをえないという思い――多くは「妄執」と表現されている――のゆくえを描くというものがあります。

ここでは、そうしたもののいくつかについて、具体的には、「黒塚《くろづか》」、「松風《まつかぜ》」、「井《い》筒《づつ》」、「野宮《ののみや》」といった作品を検討してみたいと思います。

老女の妄執――「黒塚」

まず、「黒塚（安達原《あだちがはら》）」という曲をとりあげますが、最初なので、すこし丁寧にあらすじを紹介しておきます。

――全国行脚《あんぎゃ》の僧たちが、東北の安達原まで来て、日が暮れて困って一軒家に泊めてくれと頼む。はじめは断られるが、なおも頼んで、ようやく泊めてもらえる。家に入ると、僧たちにはめずらしい糸繰《いとく》り車があった。そこで、乞《こ》われるままに、主《あるじ》の老女は、それを使ってみせる。糸を繰りながら、やがて彼女は、自分の身の上話を問わず語りに語りだす。今はこうして落ちぶれてはいるが、もとは都で華やかな生活をしていた、あの頃が忘れられない。こうであった、ああであったと、糸を繰りながら、かつての自分を思い出して泣く。思い出話も一段落して、老女は寒いから薪《たきぎ》をとってきてあげようと部屋の外に出て行く。そして行きかけた途中、立ち止まって、そのあいだ、けっして私の閨《ねや》（寝室）の内を見ないで下さいと頼み、僧たちも約束する。が、結局は、彼らは約束を破って閨の内を見てしまう。するとそこには、膿血《のうけつ》したたる人の死体が軒先《のきさき》高く積み上げられており、僧たちはおそろしくなって逃げる。それを見て、鬼になった老女が追いかけてくる。逃げ、追い、争い、最後、鬼になった老女は、僧たちの法力によって祈り伏せられてしまう。

以上が、あらすじです。ここでまず見ておきたいのは、前場《まえば》での、糸を繰りながら語りだした老女のシテ（主人公）の、次のような述懐です。

およそ人間の、徒《あだ》なる事を案ずるに、人さらに若き事なし、つひには老となるものを、かほどはかなき夢の世を、などや厭《いと》はざるわれながら、徒なる心こそ、恨みてもかひなかりけれ。

――およそ人間の「あだ」なることを考えてみれば、人はいつまでも若いままでいることはない。結局は年老いていく。これほど「はかなき夢の世」をどうして厭わないのであろう。われながら、こうした「徒なる心」が恨めしいが、しかし恨んでもかいのないことだ。

これは、僧の、われわれ人間には成仏を願うという道があるから、という忠告に対して、それを遮《さえぎ》って返した言葉です。自分も、たしかにこの世が「はかなき夢の世」であることは知っている、それでも、自分の「徒なる心」は「恨みてもかひなかりけれ」、自分で自分がどうにもならないのだ、と。

くりかえされる「人間の、徒なる事」、「徒なる心」の「徒」とは、「花が実を結ばないこと」の意で、実意がない・いいかげんだ・無駄だ・はかないといったような意味の言葉です（『岩波古語辞典』）。『方丈記』でも、この世の「はかなくあだなるさま」は強調されていました。

ここでの「徒なる心」とは、どう願ってもかなえられない、実を結ばない思いといった意味です。具体的には、「さてそも五条あたりにて、夕顔の宿を尋ねしは、……」云々《うんぬん》と、かつて京の五条あたりで、華やかに着飾り、恋した若き日の思い出を、どう偲《しの》んでも帰らぬ日々だと十分にわかっているという意味での「徒なる心」であり、また、そうと知りつつも、それが忘れられずに泣き暮らしている自分のどうにもならなさという意味での「徒なる心」でもあります。

そこでは、僧たちのすすめる成仏への願いも、また、あの世へと逃れ出ることをすすめる極楽浄土への願いも、いずれもシテの心は惹きつけられない。あるのは、ただこの世への思いであり、彼女にとってしがみつけるものは、この世でかつてあった、甘美な思い出でしかない。

馬場あき子さんは、そうした老女のあり方をこう評しています。

〈空しい〉にもかかわらずけっして諦めきれないという、生命の深みから静かに湧いて来てやまぬ執念のような人生への疑惑、それが〈黒塚の女〉の老残を支える命なのである。〈徒なる心〉とは空しい人生のおおくをみつくし、儚《はかな》い世のいくつを知りつくしたのちに、なお悟り得ずやみがたく動く世への愛情である。

（『鬼の研究』）

「徒なる心」を「徒なる心」と知りながら、なお、それをやみがたく肯定しようとするところに、「黒塚」の作者（不詳）の意図があったということです。いうなれば、それは、この世を夢と見切りながら、なおその「夢の内へ」とふみとどまろうという方向といっていいように思います。

「恨みてもかひなかりけれ」という、老女のそうした制御しきれない思いと、それまでにも数々あったであろう男の裏切り（閨の内の膿血したたる死体はその累積）は連動していますが、今回、それがまたひとつ重ねられたわけです。

結局、最後は、僧たちによって祈り伏せられてしまい、作品はこう終わります。

黒塚に隠れ住みしも、あさまになりぬあさましや、恥づかしのわが姿やと、言ふ声はなほも物すさまじく、言ふ声はなほすさまじき夜嵐の、音に立ち紛れ失せにけり、夜嵐の音に失せにけり。

——安達原の黒塚に隠れて住んでいたのが、あらためて露《あらわ》になってしまった。それが恥ずかしいという声も、なおすさまじくあたりに響いていたけれど、それも夜嵐のすさまじい音のなかに紛れて見えなくなってしまった。

能の定型ですが、もともと何もなかったことが、また何もなかったこととして終わりになっています。そのあいだに、ワキ（相手役）の僧とのやりとりのなかで浮かびあがってくるものがあり、それが主題となっているわけです。

この場合、それは、零落し隠棲していた老女の、（そのことを知られたことがいかに「恥づかし」とはいえ）ずっと抱き続けた、自分でもどうすることもできない「徒なる心」だったということです。そのことを舞台で演じて見せ、ワキや観客たちに見てもらうことによって、そうした思いとして共有してもらうというのが、一曲のテーマです。

現在形の「なつかしや」——「松風」

次に「松風」という作品を見ます。観阿弥《かんあみ》（一三三三〜八四）・世阿弥《ぜあみ》（一三六三頃～一四四三頃）父子によって何度か改作を重ねてできた能です。

「松風」のあらすじはこうです。

――在原行平《ありわらのゆきひら》が須磨《すま》に行って、松風・村雨《むらさめ》という二人の海女《あま》を見初め、恋をする。やがて行平は、必ず帰ってくると言い残して京にもどり、ほどなく死んでしまう。残された二人の女の思いは、彼が死んでも、また彼女ら自身が死んでしまっても、なお亡霊として残ってしまう。旅の僧が須磨に来て、行平、そして二人の女のゆかりの旧跡の松のもとで弔《とむら》う。その晩、その松の近くの小屋に泊めてもらうことになった僧が、松のもとで弔ったことを話すと、小屋の主である二人の女は涙を流し、じつは自分たちは松風・村雨の亡霊だと名乗って、行平への思いを語りだす。

あまりになつかしう候ひて、なほ執心《しゅうしん》の闇浮《えんぶ》の涙、再び袖《そで》を濡《ぬ》らしさぶらふ。……世に塩染《しほじ》みてこりずまの、恨めしかりける心かな。

「闇浮」というのは仏教の言葉でこの世のことです。二人は、この世に対する執心で涙を流しています。染まりきったこの世に対する思いが、なおも懲《こ》りずにこうして残っているが、それを恨んでもどうにもならない、と僧に訴えています。

さきほどの「黒塚」の場合は、老女となって自分の若い頃をなつかしむということでしたが、ここでは、相手の行平も自分たちも、もう死んでいます。死んでなお、亡霊となってなつかしんでいる、その執心を思い余しているわけです。

かけてぞ頼む同じ世に、住むかひあらばこそ、忘れ形見もよしなしと、捨てても置かれず、取れば面影《おもかげ》に立ち増《まさ》り、起臥《おきふし》分かで枕より、跡より恋の責め来れば、せん方涙に伏し沈む事ぞ悲しき。

——あの人と同じ世に住むことを心にかけて頼みにしていたけれど、あの人も自分らも死んでしまった今となっては、もはやこの世に住む甲斐もない。されば、忘れ形見(烏帽子《えぼし》と狩衣《かりぎぬ》)も無用だと、捨てようとはするが、捨ててもおかれず、かといって手にとれば、面影が目の前にまざまざと立ち現れてくる。寝ても起きても、枕の方から足下の方から、いとしい、切ない恋心が責めつけてくるので、どうにもならなくて涙とともに伏し沈んでしまう。なんと悲しいことだろう。

こうして二人はさらに思いを募《つの》らせていき、ついに松風は、行平の形見の烏帽子と狩衣を身につけて舞いだします。

たとひしばしは別るるとも、待つとし聞かば帰り来んと、連ね給ひし言の葉はいかに。

――たとえしばらくは別れても、待っているならば、必ず自分は帰ってこようとお詠みになった言葉はどうしたのか、と。舞いを舞いながら、松風はもの狂いになり、くだんの松を行平と見なし、それに近づいていきます。

これはなつかし、君ここに、須磨の浦曲《うらわ》の、松の行平、立ち帰り来ば、われも木陰に、いざ立ち寄りて、磯馴松《そなれまつ》の、なつかしや。

これはなつかしい。行平の君がここにいる。須磨の浦曲の松、また私たちの待つ、その君が帰ってきたので、私たちもこの木陰に立ち寄って、なれ親しむことにしよう。何というなつかしさよ、と、松風はシオリ（泣くこと）をします。

この「なつかし」という言葉は、もともとは、「動詞〈懐《なつ》く〉の形容詞形。相手が気に入って、密着していたいと思う意です（『岩波古語辞典』）。猫が「なつく」という場合の「なつく」の形容詞形ですから、本来は、現在目の前にいるものと関わる事態を指していたはずのものです。

しかし、それがやがて過去の事態を指す言葉になってきたもので、その変容それ自体興味深いのですが、ここでは、いわば、その本来の用法の時制に近いかたちで使われています。よりリアルに、今現在の事態として使われているということです。

つまり、過ぎ去ってしまった過去のこととしての「なつかし」ではなく、眼前の松に行平を見いだし、その対象に惹きつけられていくこととしての「なつかし」です。

「なつかし」が現在形として使われていくなかで、松風は、行平に対する恋の思い、どうしても、もう一度会いたいという思いを実現していったとみることができます。


松に吹き来る、風も狂じて、須磨の高波、激しき夜すがら、妄執の夢に、見見《みみ》ゆるなり。


――松に吹き来る風も狂おしく、須磨の高波も激しく音を立てる夜もすがら、「妄執の夢」のなかでたしかに「見見ゆる」ということが実現した。

「見見ゆる」というのは、あなたを見、またあなたに見られるということですから、言葉本来の意味の「なつかし」において、彼女らの再会の思いは、たしかに実－現した（実として現れた）ということです。

それは、当人においても「妄執の夢」であると承知されているものです。が、いかに「妄執の夢」であれ、そこでのどうにもならない思いが、このようなかたちで現前し、観客にも共有されていくわけです。

この詞章《ししょう》に続いて、最後はこう終わります。

わが跡弔《と》ひて、賜《た》び給へ。暇《いとま》申して、帰る波の音《おと》の、須磨の浦かけて、吹くや後《うしろ》の山おろし、関路《せきじ》の鳥も声々に、夢も跡なく夜も明けて、村雨と聞きしも今朝見れば、松風ばかりや残るらん、松風ばかりや残るらん。

――どうか私の跡を弔って下さい。お暇《いとま》して帰ります。と、帰ったあとは、波の音がして、須磨の浦一帯、うしろから山おろしが吹き、関のあたりの鳥も鳴きだして、夢は跡形もなく消えてしまった。にわか雨の音と聞いたのも、今朝になってみれば、松吹く風の、その松風の音ばかりがあとに残っているのであった。

昂揚して実現したものも、結局は僧が見た夢だったわけで、それは朝になるとともに跡形もなく消えてしまったということですが、むろんそれはただ消えてしまったということではありません。僧の見た夢をとおして、観客がそれを理解・共有し、そこに「弔《と(むら)》ひ」ということが可能になったということです。「弔ふ」というのは、「問《と》ふ」こと、「訪《と》ふ」こと、死者を訪れて、死者の思いを問うことです。能とは、いうなれば、そうした「とむらひ」のための大きな装置ということができるように思います。

「定めなき夢心」——「井筒」

続いて、同じような作品として「井筒」を見ておきます。作者の世阿弥みずからがもっとも愛着していた作品のひとつです。

旅の僧が在原業平《ありわらのなりひら》の寺、在原寺を訪れ、そこで業平と、かつて業平の妻であった女の菩提《ぼだい》を弔います。すると、そこにひとりの女が現れ、井戸から水を汲《く》み上げながら、手向《たむ》けつつ、一心に仏を念じつつ、こう嘆いています。

迷ひをも、照させ給ふ御誓ひ、照させ給ふ御誓ひ、げにもと見えて有明の、行方は西の山なれど、眺めは四方《よも》の秋の空、松の声のみ聞ゆれども、嵐はいづくとも、定めなき世の夢心、何の音にか覚めてまし、何の音にか覚めてまし。

——われわれ衆生の迷いを照らして下さって極楽にお導きなさるという弥陀の御誓い、その御誓いはまさしくそのとおりと見えて、有明の月は西方に向かい、その光は四方に広がっている。が、松吹く風の音だけが聞こえ、嵐はどこと定めず吹いていて、そのように私の「定めなき世の夢心」は、いったい何の音によって覚めるのだろう、何の音によって覚めることができるのだろうか。

「定めなき世の夢心」とは、具体的には、業平を恋い、今も業平を待ち続けるという女の「恋心」です。彼女はそれをみずから「迷ひ」だと認めています。そして極楽世界に思いを馳せて、その「夢心」を覚まそうとしています。

そのかぎりでは、まさに「夢の外へ」の志向が働いているのですが、しかし、なお、そちら側には行かせないものとして、「夢心」がこの世に彼女をとどめているわけです。さきに見た「徒なる心こそ、恨みてもかひなかりけれ」と同じです。覚めないままに、その「夢心」を抱き続けているということです。

以下、ワキの僧とのやりとりのなかで、過去のさまざまなことをあらためて思い起こし、その思いを高ぶらせた彼女が、業平の残した形見の直衣を身につけて舞いだします。そして、ふと井戸に映った自分の姿を見ると、その姿が業平に見えてきます。

さながら見見《みみ》えし、昔男の、冠直衣《かむりのうし》は、女とも見えず、男なりけり、業平の面影、見ればなつかしや、われながらなつかしや。

――相手を見、相手に見えし、なつかしい昔男の、冠直衣をつけたわが姿は、女とも見えず、まさしく男の姿、業平の面影そのままである。見れば、(自分だと知りつつも)なんとなつかしいことよ。

「松風」にもあった「見見えし」という、見もしたし、見られもした、という事態が実現し、「なつかしや」となるわけです。ここでも、現在形での「なつかしや」です。そこでさめざめと涙を流すのですが、曲は最後こう終わります。

亡婦《ぼうふ》魄霊《はくれい》の姿は、しぼめる花の、色なうて匂ひ、残りて在原の、寺の鐘もほのぼのと、明くれば古寺の、松風や芭蕉葉《ばしょうば》の、夢も破れて覚めにけり、夢は破れ明けにけり。

——亡き女の幽霊は、花がしぼんで色あせても匂いだけは残っている様子で、しばらくはその場にいたけれども、在原寺の明け方の鐘が鳴って夜が明けるとともに、松風や芭蕉の葉の音が残るのみで、その姿も消え、夢も破れて覚めてしまった。

これもワキの僧の夢だったということですが、しかし、その夢を介して、業平にどうしても会いたいという女の「恋心」は、それとして成就されたということになります。

それは、もともと「定めなき世の夢心」と感じられていたものではあったのですが、ここではそれが「定めなき世の夢心」のままに、そのなかへとのめり込んでいく方向がとられています。その思いの濃密さが、いわば結晶していくところに、この作品の面白さがあります。それはけっして夢を解消して極楽へと向かわせるのではない、まさに「夢の内へ」の方向の話です。

「妄執を晴らし給へや」——「野宮」

最後に、「野宮」という作品にもすこしふれておきます。これは『源氏物語』をもとに、世阿弥がつくったとされる作品です。

旅の僧が、かつて六条御息所《ろくじょうのみやすどころ》が源氏と別れたという野宮を訪れると、そこに御息所の亡霊が現れ、みずからの妄執を語りだします。

よしや思へば何事も、報《むくい》の罪によも漏《も》れじ、身はなほ牛の小車《をぐるま》の、めぐりめぐり来ていつまでぞ、妄執を晴らし給へや、妄執を晴らし給へや。

——ああどうにもならない、思えば何事も前世からの報いにほかならないだろう。この身は依然としてつらい輪廻の境涯から抜け出すことができずに、めぐりめぐっていつまでも同じ苦しみをくりかえすのであろうか。どうか、この妄執を晴らして下さい、この妄執を晴らして下さい。

これまでの作品にも、「徒なる心」とか「妄執」とか「夢心」という言葉は出てきましたが、それらを「晴らし給へ」とまでは言われていませんでした。ここでの「妄執」は、これまでのような、たんなる恋しさだけではなく、元東宮后としてのプライドや、正妻の葵《あおい》の上との確執などもふくめた恨みや悔しさも合わせてのものです。それだけに苦しく、つらく、切ない思いであることがうかがわれます。

六条御息所は、そうした思いの中身をワキの僧に語りながら、昔のことを思い起こして舞いを舞う。そして、舞いの最後にこう語ります。

露うち払ひ、訪《と》はれしわれも、その人も、ただ夢の世と、古《ふ》りゆく跡なるに、誰《たれ》
松虫《まつむし》の音は、りんりんとして、風茫々《ぼうぼう》たる、野の宮の夜すがら、なつかしや。

――露をうち払って来てくれた源氏の君も、訪われた私も、むかしの夢と時は過ぎゆき、むなしい跡をとどめているだけだ。それなのに、誰を待つというのか。松虫はりんりんと鳴き、風は茫々と吹きすさぶ。みんな夢、過ぎ去った出来事だということはわかっている。わかってはいても、「妄執」となった思いはどうすることもできない。

そして最後、昔の回想や舞いのはてに、ここでも「なつかしや」となり、シオリをします。そのあと、この曲は、以下のように終わります。

ここはもとより、かたじけなくも、神風や伊勢の、内外《うちと》の鳥居に、出で入る姿は、生死《しょうじ》の道を、神は受けずや、思ふらんと、また車に、うち乗りて、火宅《かたく》の門をや、出でぬらん、火宅の門。

——この野宮は、かたじけなくも伊勢の神を祀る社《やしろ》であって、その鳥居の内外をこんなふうに出入りしている自分は、生死の道を迷っているかに見えるので、神は受け入れてくれないだろうと、また車に乗って出て行った。

「火宅」とは、仏教語で燃えさかっているこの世のことを譬えた言葉ですが、「火宅の門をや、出でぬらん、火宅の門」とは、非常に微妙な終わり方です。出たともいえないし、出ないともいえない、どちらとも、はっきりとは明示されていないところに、かえって六条御息所の揺れ動く苦しさ、切なさといったものがよく表されています。

ただ、最後に「なつかしや」にまでいたったことを考えれば、そこには、さきほどから見てきた「松風」や「井筒」での「なつかし」と、そう違わない、現在形での「なつかし」の実現という事態を読みとることができます。

以上のように、謡曲の、ある種のテーマが、「妄執」を「妄執」と知りながら、なおそれを解消する方向にではなく、よりその願望・執着の方にこだわり続け、ワキの弔いや観客の視線のなかで、その何らかの〝実現〟を達成してゆくというところにあったとすれば、それはまさに「夢の内へ」の方向をとるものといっていいように思います。

2 「一期は夢よ　ただ狂へ」――『閑吟集』の狂と情

浮世を歌い飛ばす

次に、中世末期の歌謡を集めたアンソロジーで、十六世紀初頭にできた『閑吟集』をとりあげます。そこには、当時の庶民が口ずさんでいたであろう小歌を中心に、謡曲の一節なども数多く収められていて、謡曲の精神世界とは、かなりの部分、重なり合うところがあります。

『閑吟集』でもっともよく知られているフレーズに、「一期《いちご》は夢よ　ただ狂へ」というものがありますが、ここには、まさに、この世は夢、ならばさらにその内へと、いわば夢中にのめり込んでいくという、②「夢の内へ」の方向を見いだすことができます。

まずは、このフレーズをふくんだ一連の小歌を見ておきます。そこには、まとまったかたちで『閑吟集』の人生観・世界観といったものが表れています（一行、一行がそれぞれ独立した小歌です）。

・世間《よのなか》はちろりに過ぐる　ちろりちろり
・なにともなやなう　なにともなやなう　浮き世は風波《ふうは》の一葉《いちえふ》よ
・なにともなやなう　なにともなやなう　人生七十古来稀《まれ》なり
・ただ何事もかごとも　夢幻《ゆめまぼろし》や水の泡　笹の葉に置く露の間に　あぢきなの世や
・夢幻や　南無三宝《なむさんぼう》
・くすむ人には見られぬ　夢の夢の夢の世を　現《うつつ》がほして
・なにせうぞ　くすんで　一期は夢よ　ただ狂へ

最初の小歌の「ちろり」とは、蠟燭の炎が「ちろり」と燃えて消えていくという擬態語とふつうは考えられていますが、酒をお燗《かん》する銅でできた道具を「ちろり」ということから、この世の中は、酒のお燗がつくまでの短い間のこと、そんなはかないものなのさ、とする解釈もあります（秦恒平『閑吟集――孤心と恋愛の歌謡』）。「邯鄲《かんたん》一炊《いっすい》の夢」という、邯鄲の青年が人生の栄枯盛衰をご飯の炊けるまでの間のはかない夢として見た、という故事と同じような趣向です。

いずれにしても、この世の中は「ちろり」という間に過ぎてしまう「はかない」ものだなあ、という感懐です。そしてそれを「なにともなやなう　なにともなやなう（どうってことない、どうってことないじゃないか）」という囃《はや》し言葉で受けとめています。この「浮き世」は、風や波に揉《も》まれて漂う葉っぱのようなもの、人生七十だって古来まれなものだ、と。

「浮き世」とは、もともとは「憂き世」です。ここではその、短く「はかない」という「憂き」が、そのまま、軽く漂う「浮き」へと転化しています。そして、ここから百五十年も経つと、あの浮世元禄の時代が到来してきます。

「ただ何事もかごとも」あらゆることが例外ぬきに、すべて「夢幻」で、「水の泡」のようなもの、笹の葉におりる露が乾く間もない、そうした「あぢきな」い、思うようにならない、どうしようもない世界なのだ、と。

むろん、その「どうしようもない」というのは、「なにともなやなう　なにともなやなう」の語感をふまえていえば、言葉どおりというよりは、もうすこし軽いニュアンスでの「どうしようもなさ」、だからどうだというのだ、どうってことないじゃないか、という意味合いでのものです。

「夢幻や　南無三宝」の「三宝」とは、仏・法・僧のことで、簡単にいえば仏教のことです。「南無」は「南無〜」の「〜を信ずる」「〜に帰依する」といった意味ですから、仏教を信じ、帰依するということになりますが、ここにはすでに、そうした殊勝な信仰心を見いだすことはできません。

そうした超越世界が何らのリアリティもたなくなったところでの、こちら側だけの世界の話です。つまり、ここでの「南無三宝」は、すでにたんなる掛け声に近いものになっているということです。何かに驚いたり、ものごとを思い切ってやるときに〝なむさん〟と言ったりする、あの用法の、早い時期に使われていた例のひとつです。

そんな世の中だから、「くすむ人」、真面目くさって考えている人、人生の意味とか真実とか目覚めるとか、そんなことを考えている人にはわからないのだ、この世が「夢の夢の夢の世」だということが。そんなうつつ顔、真面目な顔をして、何をしようというのか。一生は夢なのだ、ただ狂っていけ、と歌い飛ばそうとしているわけです。

　こうした歌い飛ばし方は、このあと近世に入っての、浮世享楽ではおなじみのものになります。たとえば江戸初期の仮名草子《かなぞうし》の「恨の介」（慶長年間、十七世紀初め頃）は、

　　夢の浮世をぬめろやれ、遊べや狂へ皆人《みなびと》

と囃しています。「ぬめろやれ」というのは、浮かれ歩けといったような意味です。「遊べや」「狂へ」、あるいは「ぬめろ」といった語感には同質のものがありますが、そこには同時に、いつも、あの「なにともなやなう　なにともなやなう」とみずからを囃し立てていく、ある種のリズムが鳴り響いています。

「どうせ」・「いっそ」

　　石の下の蛤《はまぐり》　施我《せが》今世《こんせい》楽せいと鳴く

人目につかないところで蛤が仏果《ぶっか》を得ようと願う話は、いろいろな説話に使われている題材です。その題材を使って歌われているのは、「我に今生《こんじょう》の楽しみを施《ほどこ》せ」という、来世・後世でなく、今生の「楽」への要請です。あちらではなくこちら、明日ではなく今日の楽しみを楽しめ、楽《らく》せよ、ということです。

嫌《いや》申すやは　ただただただ打て　柴垣《しばがき》に押し寄せて　その夜は夜もすがら、うつつなや

この小歌は、より具体的に歌われています。どうして、嫌なんて言うでしょうよ。ただただ攻めて打ってちょうだいよ。柴垣のなかまで押し寄せて、ただただ攻めてちょうだいよ、と。「その夜は夜もすがら（一晩中）、うつつな」く、と。「うつつなく」は真面目でないというより、正気のなさ、ある種の陶酔状況です。『閑吟集』に歌われる「世」、「世の中」というのは、かつての平安女流の用法のように、より具体的に男と女の仲らいの世界と見ることもできます。また、庶民が歌っている分、それが、より直截にエロティックに表現されているものもあります。これも

そのひとつですが、大事なことは、そこで何ごとかに夢中になることで、むしろ「うつつな」い状態になっていくことがそれとして目指されているということです。積極的に「夢の内へ」が選びとられているということです。

この歌もふくめて、その根底にあるのは「一期は夢」、一生は「どうせ」夢、という見切りです。この「どうせ」という見切りは、さきに見たように、『古今和歌集』以来の無常感に潜在していた発想です。

ただ、そこでは、こちら側での「どうせ」の見切りが、あちら側の何ものか（浄土・如来）を際立たせる働きをもっていました。が、ここでの「どうせ」の認識は、あちら側に向かうような質のものではなく、こちら側での、いわば「いっそ」といった認識・行動につながるものとして働いています。

「いっそ」とは、「いっそう（一層）の変化した語か。あれこれと考えた末、それとは一段違ったことを思い切って選ぶ気持を表わす。思い切って」という言葉です（『日本国語大辞典』）。

つまり、「どうせ」と認識された、先取りされた否定的な結論を、現在の時点において、さらに「いっそう」あばき立て、促進することが「いっそ」ということです。「どうせ」駄目になる、ならば「いっそ」壊してやれ、「どうせ」振られる、ならば

「いっそ」こっちから振ってやれ、といったように。

そうした行動様式の典型と考えることができる浮世享楽の刹那妄動にしても、また幕末の「ええじゃないか」にしても、そこには、アナーキーではあるが、アナーキーである分、それだけいっそう強力なエネルギーが発揮されています。

こうした「どうせ」の認識から「いっそ」へ、といった行動様式は、現在にいたるまで、われわれに広く認められる傾向です（「どうせだ」という言い方にはすでに「いっそ」がふくまれています）。

子どもがキャッキャと遊んでいるときに、何のために生きるかなどというふうには考えない。秩序とか真理などということを問うてはいない。問わないままに、生き生きと生きている。むしろ、そうしたあり方にこそ、生のまっとうな姿があるのだ、とは、さきにも見たニーチェの生の哲学です。

あるいは、ニーチェをベースにおいた現代思想ふうの言い方をすれば、人が生きるにおいて大事なのは、意味や目的などではなく、体感とか味わいといった「強度（インテンス）」の問題なのだということでもあります。

サッカーを見て思わず興奮したり、何かおいしいものを食べておいしいと感じるのは、たしかに意味や秩序や真理の問題ではありません。人生というのは、そうした

「何かのために」というよりは、むしろ体感・強度として生きるものだと考える考え方です。おのれの日常を解体し尽くそうという、ジョルジュ・バタイユの「蕩尽《とうじん》」という考え方にも同様の発想を見いだすことができます。

古いところでいえば、平安末期の歌謡集『梁塵秘抄《りょうじんひしょう》』（一一七九頃）に、次のような有名な歌謡があります。

遊びをせんとや生まれけむ　戯《たはぶ》れせんとや生まれけん
遊ぶ子どもの声聞けば　わが身さへこそ揺《ゆ》るがるれ

これもまた、大きく見れば同じ発想に入れることができます。意味や目的や秩序・真理といったものが失われ、見えなくなってしまったという否定的なとらえ方だけではなく、むしろ、そうしたものを無《な》みするところに、生の積極的な味わいを発見しようとする考え方です。

「くすむ人には見られぬ」、「なにせうぞ　くすんで　一期は夢よ　ただ狂へ」を、そのように考えることができます。「どうせ」・「いっそ」という行動様式のなかにもまた、同じ種類のエネルギーの発動を見てとることができるように思います。

「よしなや」の思い

ところで、『閑吟集』の世界を表す象徴的な言葉に「よしなし」という言葉があります。「よし」とは「由《よし》」であり、ものごとの原因・理由・事情・由来、また根拠・方法・関係などを意味しますが、そうした「よし」がないということです。まさしく、意味・目的・秩序・真理の不在を示す言葉ですが、『閑吟集』の世界は、さまざまな意味合いにおいて、そうした「よしない」世界です。

『閑吟集』の巻頭第一首は、こういう小歌です。

花の錦《にしき》の下紐《したひも》は　解けて　なかなかよしなや　柳の糸の乱れ心　いつ忘れうぞ寝乱れ髪のおもかげ

「花の錦の下紐を解く」とは、男女関係をもつということです。一度そういう関係になったけれども、それが「なかなか」かえって「よしなや」、「よしない」ことになってしまった、と。

ここでの「よしなさ」は、必ずしも、ただ否定的に使われているわけではありません。そうなってしまったがために、自分でもどうにもならない、柳の糸のように乱れてしまって、いつ忘れることができようか、あの「寝乱れ髪のおもかげ」を、と嘆いてみせています。恋のとらわれにおける、どうしようもなさ、その意味での「よしなさ」です。

しかしこれはむしろ、特殊な「よしなさ」であって、むろんそれだけではありません。この世は「はかなく」変わる無常世界、夢幻の世界なのだからと、恋もふくめて「人の心」の「よしなさ」が一般的です。

・浮《う》からかいたよ　よしなの人の心や
・よしや頼まじ行く水の　早くも変はる人の心

「浮からかす」というのは、人を興奮させるという意味です。思いっきりそそってやったよ、と。そうしながらも「よしなの人の心」だなあ、と嘆じています。

そういう人の心だから、約束もできない。嘘もある、裏切りもある、またそうでなくとも否応ない別れもある。そうした無常のなかでの人の心です。そうした「よしなや」を逆手にとったかたちで「浮からかそう」というわけです。浮いた戯れのひとつの営みです。

あとの小歌は、そんな「よしない」人の心は、もう頼りにすまい。行く水のようにみな人の心は変わっていってしまうから、とあきれています。人の心の無常性、人の心は頼りにできないという無効性です。変節されたときの愛想づかしです。

「どうせ」・「せめて」

しかし、『閑吟集』の面白さは、そうした「よしなさ」を承知しながらも、それをベースになお、人とともに生きていこうとする、ある独自な倫理性が展開されているところにもあります。たとえば、こうした歌。

・ただ人は情あれ　槿《あさがほ》の花の上なる露の世に
・ただ人は情あれ　夢の夢の夢の　昨日は今日の古《いにしへ》　今日は明日の昔

「ただ情あれ」でも、「ただ狂へ」と前提の認識は同じです。槿の花、また、その上の露も「はかなさ」を表す自然物の代表例です。昨日は今日へ、今日は明日へ、と夢のごとく移りゆく、そうした「はかない」この世、「はかない」男と女の関係だからこそ、人は「ただ情あれ」、と言っているわけです。

さきの「どうせ」・「いっそ」ということに比していえば、「どうせ」この世は夢だ、という認識までは同じですが、しかしここでは、だからこそ「せめて」と言っているわけです。「せめて」「情あれ」という思いです。

「せめて」とは、「《セメ（攻・迫）》テの意。物事に迫め寄って、無理にもと心をつくすが、及ばない場合には、少なくともこれだけはと希望をこめる意」です（『岩波古語辞典』）。

「せめて」もの思いを歌った歌は、『閑吟集』にはたくさん出てきます。

・せめて時雨《しぐ》れよかし　ひとり板屋のさびしきに

・身のほどの　なきも慕ふも　よしなやな　あはれ　一村雨《ひとむらさめ》の　はらはらと降れかし

・人買ひ船は沖を漕《こ》ぐ　とても売らるる身を　ただ静かに漕げよ　船頭殿《せんどうどの》

そまつな小屋にひとりいるさびしさに、「せめて」時雨れよ、ざっと降ってくれ。あるいは、身の程もなく慕うけれども、「よしなやな」、どうにもならない。ああ、にわか雨でもはらはらと降ってよ、と。

また、最後の歌は、当時のことであるから、しばしば人買い、遊女に売られていくということがあったであろう。船に乗せられ、そうして売られていく身ではあるけれど、どうか「せめて」今だけは静かに漕いで下さい、船頭さん、と願っている。静かに漕いだところで何がどう変わるわけではないが、「とても」(「どうせ」)という認識において、だからこそ「せめて」、という思いが募ってきているわけです。

「どうせ」・「いっそ」・「せめて」

このように、「どうせ」という認識を受けて、「いっそ」といくか、あるいは「せめて」とでるか、その微妙なあわいにおいて、さまざまな思い、とくに男と女の間の、さまざまに揺れ動く思いが歌われています。次の歌はその好例です。

来《こ》ぬも可なり　夢の間の露の身の　逢《あ》ふとも宵《よい》の稲妻《いなづま》

——あなた、来なくてけっこうよ。夢の間の露の身の、「どうせ」逢ったところで、宵の稲妻のように短い逢瀬《おうせ》なんだから。

来ない男を待っている女の独り言です。来なくてもどうってことない、「なにともなやなう　なにともなやなう」と自分に言いきかせている。言葉のうえでは、来なくていいと言いながら、しかし、本心で願っているのは、だからこそ「せめて」来てもらいたい、今日だけは来てほしいという思いだろうと思います。

次のような歌でも同じです。

ただ人には馴《な》れまじものぢや　馴れての後《のち》に　離《か》るる、るるるるるが　大事ぢやるもの

——ともあれ人には馴れ親しまないことだ。馴れ親しんでも、そのあとには必ず離

れるという「大事」があるから。

「離るる」の「る」が八つ重ねられています。それは、離れる・別れるということが、それだけ大変なことなのだという強調です。だから馴れ親しむな、というわけです。

しかし、そうは言いながらも、人々は馴れていく、親しんでいく、恋うていく。「厭離穢土」と同じで、厭え離れよと言いながら、それを捨てられないところにこそ、それぞれに独自な位相や表現があるということです。

同じように、「嘘」ということに関しても、『閑吟集』は両義的です。

只吟可臥梅花月　成仏生天惣是虚（只吟《ただぎん》ジテ臥《ふ》スベシ梅花《ばいか》ノ月。成仏生天《じょうぶつしょうてん》、惣《すべ》テ是《こ》レ虚《きょ》）

――ただ寝転がって、梅の花や月を見て詩を吟じていればいい。仏になるとか、天に生まれるとか、そんなことはみな嘘っぱちだ。

さきに述べたように、『閑吟集』では、仏や天への超越的緊張はすでにリアリティが失われています。そうした世界に対する憧《あこが》れはないし、そんなものは嘘っぱちなんだと言い切っています。こうした「嘘」の認識は、次のような、人と人との関わりにおける嘘の認識ともなっています。

・人は嘘にて暮らす世に　なんぞよ　燕子《えんし》が実相《じっそう》を談じがほなる
・梅花《ばいか》は雨に　柳絮《りゅうじょ》は風に　世はただ嘘に揉《も》まるる

そもそも、人は嘘をつきつつ暮らしているものなのに、ひとりつんとすました燕《つばめ》のように、実相、つまり「嘘」に対する「まこと」を談ずるような顔して、いったい何をしようというのだ。まさに「なにせうぞ　くすんで」、というところです。

梅の花は雨に揉まれるし、柳絮（柳の花）は風に吹かれ、揉まれる。そのように、この世の中は（あるいは男と女の仲）は嘘に揉まれる。そういうふうにしか人は生きられない。嘘というかたちで、この世の「よしなさ」性、無常性を認めています。

かと思えば、次のような、まったく違った嘘の受けとめ方も見られます。

ひとり寝はするとも　嘘な人は嫌よ　心は尽《つ》くいて詮《せん》なやなう　世の中の嘘が去《い》ねかし　嘘が

——たとえ独り寝をすることになっても、嘘な人は嫌。いくら心を尽くしても仕方がないから。この世の中の嘘が全部なくなれ、嘘が。

ここでは、ごく素直なかたちで嘘ならざるものが求められています。「人は嘘にて暮らす世」という認識と、「世の中の嘘が去ねかし　嘘が」という願いとが同時に語られているところに、『閑吟集』の独特な位相があります。

素直な、ということでいえば、『閑吟集』には、まったくストレートな恋しい思いを表出しているような歌が少なからずあります。

あまり見たさに　そと隠れて走て来た　まづ放《はな》さいなう　放してものを言はさいなう　そぞろいとほしうて　何とせうぞなう

——あまりの逢いたさに、そっと隠れて走ってきた。ちょっと放してよ、放してものを言わせてよ。どうしようもないほどいとおしくて、いったい私はどうしたらいいのでしょう。

素直といえば素直ですが、さきにも見たように、「よしなさ」には、必ずしもネガティブな語感だけでなく、「くすむ人」にはわからないという、軽快さというか、明るさ、勢いのようなものがあります。「遊びをせんとや生まれけむ」といった素直なエネルギーの表出がそのままなされているともいえるようなところがあります。これもまた『閑吟集』の魅力のひとつです。

あまり言葉のかけたさに　あれ見さいなう　空行く雲の速さよ

あまりに言葉がかけたくて、思わず「ほらご覧なさい、あそこの空を流れる雲がはやいでしょ」と言ったという、それだけの歌です。打算のない、遊戯に近く素直に、男と女が歌われています。嘘や裏切りや別れや、どうにもならない「よしなさ」のなかで、無常感の深まりのなかでつぶやかれているだけに、そのコントラストがいっそう鮮やかに感じられます。

「花籠《はなかご》に月を入れて」

『閑吟集』では、このように、人と人とが「どうせ」夢という認識において「いっそ」と思い「せめて」と思いながらも生きているのですが、最後にあらためて、「夢の内へ」という方向を確認しておきたいと思います。それは、このしばらくあとの江戸元禄の『葉隠』における「忍恋」という考え方につながるものでもあります。

よし名の立たば立て　身は限りあり　いつまでぞ

――みんなばれてしまってもかまわない。「どうせ」われわれの身にはかぎりがある。いつまで生きていられようか、どうってことないさ。

そういった思いがある一方で、次のようにも考えています。

・思へど思はぬふりをして　しやつとしておりやるこそ　底は深けれ
・思へど思はぬふりをしてなう　思ひ痩《や》せに痩せ候《そろ》

「思ふ」というのは考えるということではなくて、人のことを思う、恋するということです。思ってはいるけれど、思わぬふりをしてしゃんとしている方が、じつはちゃらちゃらと好きだと言うよりは、ずっと底は深いものだ。だから、だんだん痩せてもきてしまった、と。思っていても、思わぬふりをする、そうしたなかで、その思いを守っていこうとする恋のひとつのあり方であって、それは、いわゆる「忍恋」というものに属します。

わが恋は　水に燃え立つ蛍々《ほたるほたる》　物言はで　笑止《しょうし》の蛍

――わが恋は水に燃え立つ蛍のような恋である。恋しているということを言わないで、ただ黙って身を焦がしているあわれな蛍である。

ここにあるのは、言い表すことによって、「よしなの人の心」のあいだで、その恋が壊れてしまう、変わってしまうことへのおそれです。どうしたら無常に抗してこの恋を壊さずに保つことができるのか、という切実な願いがそこにはあります。

・花籠《はなかご》に月を入れて　漏《も》らさじこれを　曇《くも》らさじと　持つが大事な
・籠がな籠がな　浮き名漏らさぬ籠がなな

『閑吟集』には全部で三百十一の歌が収められていますが、これは、三百十番目、三百十一番目の歌です。

「花籠に月を入れて」とは、男と女の恋のイメージです。そうした状態で、そのまま、その恋を漏らさない、曇らさないようにして保つことが「大事」なのだと言う。それは、どうしても漏れていってしまう、曇っていってしまうという予感があるからです。「よしなの人の心」の無常性のなかで、だからこそ、何としても漏らさないように、曇らさないようにするのがもっとも「大事」なことなのだ、と。

「浮き名漏らさぬ」籠が欲しい、——「浮き名漏らさぬ」というのは、スキャンダルとして他人に知られるという意味でもありますが、むろんそれだけではない。自分と相手との関係は、むろん公表しても続きはするが、そこで何かが漏れてしまう、質が変じてしまう。そういったこともふくめて、その恋がこの世の無常性にさらされることをおそれています。だから、そうならない籠が欲しい、と願っているわけです。

しかし最後、その「籠がなならう」、その籠がねえ……、という非常に微妙な言い方で歌い収められています。籠に表象されているのは、この夢のような無常の世界において、なお漏らさない、曇らさないかたちで持ち続けたい何か、です。

それは、すぐれて「夢の内へ」という方向に向かうものです。彼らはそれを、この世を生きる倫理の中核に置こうとしたということです。

3 「忍恋」と「無二無三」――『葉隠』のエロティシズム

何もかも「夢の中のたはぶれ」

続いて、近世に入っての『葉隠』(一七一六頃)をとりあげます。

近世とはいえ、『葉隠』は、『閑吟集』からはそれほど時間が経っていません。著者は、山本常朝(一六五九〜一七一九)という九州佐賀藩の武士です。主君が死んだときに殉死しようとして、禁止令のためにそれがかなわず出家した常朝の語った言葉を聞き書きしたものが『葉隠』です。

『葉隠』の世界認識の基本は、生きていることは「夢の中のたはぶれ」だという、次のような見方です。

貴となく、賤《せん》となく、老となく、少となく、悟りても死《しに》、迷ふても死《しぬ》。扨《さて》も死《しぬ》る哉。……何もかも益《やく》にたたず、夢の中のたはぶれ也。

——貴《とうと》かろうが賤《いや》しかろうが、老いていようが若かろうが、悟ろうが迷おうが、結局すべて死ぬ、何としても死ぬ。何もかも役に立たない夢の中のたはぶれではないか。

これはかなり強い言い方です。もともと武士という存在がおかれていた環境は、殺し、殺されるという世界であって、そこでは、否応ない、明日をも知れぬ無常性がきびしくふまえられていた。常朝が生きてきた元禄という時代は、すでに戦時ではなく平時であった。しかし、平時であるがゆえにこそ、逆に観念的にラディカルな武士道が展開されてきます。次のような無常感も、そのひとつの表れです。

道すがら、「何と能《よ》くからくつた人形ではなきか。糸を付《つけ》てもなきに、行《おこな》ひたり、飛んだり、はねたり、物迄《ものまで》も云《いふ》は上手の細工《さいく》也。来年の盆には客にぞ可成《なるべし》。さても、あだな世界をわすれて居るぞ」と。

「何もかも益にたたず、夢の中のたはぶれ也」といった思いは『葉隠』にはくりかえし出てきます。すべてが「夢の世」の「たはぶれ」、「あだ」であり、人間とはあたかもあやつり人形のようなものだという、生きることの無根拠・不如意の感得です。あるいは、そこには、近世小歌の「夢の浮世の露の命のわざくれ（いたずら）、なり次第よの　身はなり次第よの」（隆達節《りゅうたつぶし》）といった世相も確実に反映されています。

「無《む》二《に》無《む》三《さん》」な生死

こうした認識をふまえて、常朝はこう説いています。

> 人間一生誠《まこと》に纔《わづか》の事也。好《すい》たる事をして可暮《くらすべき》也。夢の間の世の中に不好《すかぬ》事ばかりして苦を見て暮すは、愚成《おろかなる》事也。

「纔の事」というのは、基本的には時間的な僅少さですが、同時にそれは価値的な僅少さでもあります。「何もかも益にたたず、夢の中のたはぶれ」にすぎないということです。だからこそ、好きなことをして暮らせ、というわけです。「夢の間の世の中」で、好かぬことばかりして苦を見て暮らすのは愚かなことではないか、とも。

ここでの「好き」のイメージは、限定的には次のように語られるものです。

忠の不忠の、義の不義の、当介《あてがい》の不当介《ふあてがい》など、理非邪正《りひじやせい》の当りに心の付くがいや也。無理無体《むりむたい》に奉公に好き、無二無三に主人を大切におもへば、夫《それ》にて澄《す》むこと也。……理の見ゆる人は、多分少《すこし》の所に滞《とどこほ》り、一生をむだに暮し、残念のこと也。誠に纔の一生也。只々《ただただ》無二無三が能《よき》也。二つになるがいや也。万事を捨て、奉公三昧《ざんまい》に極《きはま》りたり。

これは奉公人としての姿勢を説いているところですが、何をやったら忠か不忠か、義か不義か、当たっているか、当たっていないか、といったように考えるのが嫌なのだ、ただ「無理無体」に奉公を好きになりさえすればいい、「無二無三」に主人を大切に思えばそれで済むのだ、と。理の見えてしまう人、あまりものの見えてしまうような人は、かえって小さいところにこだわってしまい、結局は一生を無駄に過ごすことが多いので残念なことだとも言っています。

「誠に纔《わつか》の一生也。只々無二無三が能《よき》也。二つになるがいや也」と、いってしまえば、これだけのことです。「無二無三」、つまり、二もなく三もなく〝一〟に生きろ、あれもこれも、にするなということです。この文章の場合、その〝一〟が奉公であるという話になっているわけです。

「人間一生誠に纔の事也。好たる事をして可暮也」、あるいは「只々無二無三が能也」とは、思い起こすまでもなく、まさに「なにせうぞ　くすんで　一期は夢よ　ただ狂へ」ということです。

「くすむ人」とは、理屈をつけて世を処そうとしている人のことです。つまり、そうした人は、結局はあれこれと考えて滞ってしまっているのであって、まことにわずかな一生なのだから、ただ「無二無三」に生きろ、と。それを「狂う」といってもいいし、「好く」といってもいいのですが、つまりは「無二無三」に「夢中」になれということです。

忍恋《しのぶこい》

『葉隠』においてそのことは、「忍恋」というかたちで端的に理念化されています。

恋の至極《しごく》は忍恋と見立て申し候。逢《あ》ふてからは、恋のたけがひくし。一生忍びて
思ひ死《じに》することそ、恋の本意《ほい》なれ。
恋死なん後《のち》の煙にそれとしれつひにもらさぬ中《うち》のおもひは

恋の最高形態は「忍恋」だと見立てた。好きだと言ってしまっては、また逢ってしまっては、その恋の「たけ」、恋い焦がれる思いが低くなってしまうのだ、と。好きだとも言わないままで、一生忍んで思い焦がれて死んでいくことにおいてこそ、「恋の本意」というものがあるのではないか。

別の箇所では、たとえ、先方より「ケ様《かやう》にては無きか（ひょっとしたら好いてくれているのか）…」などと聞かれても、「全《まったく》思ひもよらず」と、さらりと受け流せとも言っています。

「恋しなん後の煙にそれとしれつひにもらさぬ中のおもひは」——恋い焦がれて死んでいったそのあとの、自分を焼く煙が立ちのぼるのを見て、どうか知って下さい、ついに漏らすことのなかったあなたへの思いを、と。言わない、漏らさないことによって「無二無三」に、ある深いもの、高いものへと仕立てあげ、維持していこうとする意思です。

「逢ふ」というのは、現実に、その人に「好きだ」と告白して、そのあと具体的な人間関係をもつことであるが、それは、『閑吟集』で何度も嘆かれていたのと同じように、『葉隠』でも、必ず漏れ、曇っていってしまうものだと知悉《ちしつ》されています。常朝の言い方でいえば、「二つになる」ということです。告げれば関係は現実に始まるが、それは同時に、確実に終わりへの始まりでもあります。

けっして漏らさず、自分のなかで死ぬまで保ち続けていけば、それは絶対に曇らない、恋い焦がれたままの「たけ」高い恋として守られるという考え方です。

『閑吟集』の「籠がな籠がな」の、その「籠」なるものが――かなり限定された観念的なものになってはいますが――ある意味では実現しているといっていいように思います。

谷崎潤一郎（一八八六〜一九六五）の『春琴抄《しゅんきんしょう》』（一九三三）という作品にも、同じような考え方を見いだすことができます。

――愛する春琴が熱湯をかけられる。そのことで、あるいは醜くなってしまったかもしれない春琴を見てしまえば自分の恋が醒めてしまうかもしれないと思った佐助は、針で自分の両目を突く。視力をなくすことによってでも、その「恋のたけ」を維持しようとしたのである。

別に熱湯をかけられなくても、人は否応なく変わるし、醜くなっていくこともあるのですが、変わる現実をあえて拒否するということです。醒めていくのではなくて、むしろ「夢の内へ」とのめり込んでいくことで、今ある思いを操守するということです。そこにも、「忍恋」と同じような、かなり切ない手だてがあるように思います。常朝は、そうした「忍恋」の考え方で、「主従の間など、此心にて澄《すむ》なり」と、あっさりと断じています。どうふるまえば「義」であり、どうふるまえば「忠」であるか、などといったような詮議なぞいらない、ただただひたすら恋い焦がれるように、主君に仕えていけばいいのだ、というわけです。

「死狂《しにぐる》ひ」の思想

こうした「無二無三」では、具体的な相手が必ずしもつねに想定されているとはかぎりません。『葉隠』で、もっともよく知られているものに、「武士道と云《いふ》は、死ぬ事と見付《みつけ》たり」という言葉があります。

武士というものは、あれかこれかという場合には、早く死んでしまえば、それでいい、それで片付くのだという考え方です。そこでは、特定の相手はとらずに、おのれ自身が一箇の武士たろうとする誇りがあります。これもまた、「無二無三に死狂ひする」ということによって守ろうとした事柄です。

　ところで、この「無二無三に死狂ひする」という文章は、こういう文脈のなかで語られています。

　何某《なにがし》、喧嘩打返《けんかうちかへし》をせぬゆへに恥に成《なり》たり。打返の仕様《しやう》は踏懸《ふみかけ》て切《きり》殺さるゝ事也。……恥をかかぬ仕様は別也。死《しぬ》まで也。其場《そのば》に不叶《かなはざれ》ば打返し也（後でやり返せばよい）。是《これ》には知恵も入《いら》ぬ也。曲者《くせもの》といふは勝負を不考《かんがえず》、無二無三に死狂ひするばかり也。是《これ》にて夢覚《さむ》る也。

「武士道と云は、死ぬ事と見付たり」という覚悟は、たとえば、喧嘩という場面でためされます。何某が喧嘩をして打ち返さなかったので、それは恥になった。打ち返しの仕方はどうでもいい、とにかく突入して斬り殺されればそれで済むのだ。それだけのことで恥にはならないのだ、と。

　何とかうまくやろう、仕果たそうなどと思うから、打ち返しそこなったり、あるいは相手は大勢だからなどと躊躇していたりすると、結局馬鹿らしいことはやめておこうということになってしまうのだ、とも言っています。相手が何千人であっても、片端から斬り捨てると思い定めていけばそれでいいのだ、と。

赤穂義士の浪人たちの夜討ちの例でいえば、泉岳寺《せんがくじ》で腹を切らなかったことは非常に大きな落度であるし、さらには、敵の吉良《きら》を討とうと、いろいろな計略をして延び延びにしたことがおかしい。そのうちにもし吉良が病死してしまったならばどうするのだ、それこそ残念千万のことではないか、とも批判しています。

「武士道と云は、死ぬ事と見付たり」と語っている文章のなかで、常朝は「毎朝毎夕、改めては死に死に、常住《じやうぢゆう》死身《しにみ》に成」っておけ、と教えています。ふだんから「死習《しになら》」っておかなければ、とっさの場面で死に突入することはできないということです。

「狂う」というのは（ましてや「死狂ひ」というのは）きわめて難しいことで、さあ今から狂いましょうと言ってもけっして狂えない。『葉隠』はそのことを重々承知のうえで、「改めては死に死に」という「死習ひ」ということを説いているわけです。

つねに「前方《まえかた》に（前もって）吟味《ぎんみ》」して、いつでも刀を抜けるように準備しておかないと、いざというときに刀は抜けない。必ずしも刀でなくても、言葉をきちっと返せればいいのですが、それがとっさにできるかできないか、それが肝心なところであるが、それには別段、知恵もいらない。ただただ仕返せばいい。「曲者」という、『葉隠』武士の、ある理想像は、勝負を考えないで「無二無三に死狂ひするばかり」のあり方を指しています。

「夢覚る也」

以上のような「死狂ひ」の思想は、それとして十分理解できます。が、しかし、今の文章で問題なのは、最後の部分の「無二無三に死狂ひするばかり也。是にて夢覚る也」という一文です。

これまで見てきたことは、この世においてはすべて「夢の中のたはぶれ」であると、だからこそそのなかで、あれやこれややるのではなく「無二無三」の〝一〟に収斂しろ、それへとのめり込め、という「夢の内へ」の志向として考えてきたわけです。

しかし、それがここでは、言葉のうえでは、逆に「是にて夢覚る也」と表現されているという問題です。そこには、いささかこれまでの理解に変更を迫るものがあるように思います。

そこであらためて読み返してみると、さきの「何もかも益にたたず、夢の中のたはぶれ也」という文章は、このような文脈で述べられているものでした。

貴となく、賤となく、老となく、少となく、悟りても死《しに》、迷ふても死《しぬ》。扨《さて》も死《しぬ》る哉。……何もかも益にたたず、夢の中のたはぶれ也。ケ様《かやう》におもひて油断してならず。足下に来る事なるほどに、随分精を出して早く仕廻《しまふ》筈《はず》なり。

「何もかも益にたたず、夢の中のたはぶれ也」と言ったあとに、「ケ様におもひて油断してならず。…」は、考えてみれば、やや異様な文章です。全部「たはぶれ」だと言いながら、そういうふうに思って油断してはならぬ、精を出してはやくやってしまえと続けているからです。

あるいは「武士道と云は、死ぬ事と見付たり」という文章が、最後、「毎朝毎夕、改めては死に死に、常住死身に成て居る時は、武道に自由を得、一生落度なく家職《かしよく》を仕《し》課《はた》すべき也」と収められているのにも、同種の問題がひそんでいます。ひたすら死狂へ、死習へと説きながら、そうすれば、生涯、立派に家職を勤めあげることができると説いているからです。

「仕廻《しまふ》」、「仕課《しはた》す」という表現には、ある何ものかの完成・完了が含意されています。それが、「無二無三」の〝一〟にあたるものであって、具体的には、「家職」（奉公）であったり、恋であったり、喧嘩相手への武士たる一分《いちぶん》であったりします。いずれにしてもそれらは、この世における、ある特殊な人間関係への表現です。

他に誇りうる自己、というあり方も、ひとつの人間関係の表現です。「夢覚る」とは、そうした人間関係に全的に関わり、〝一〟になり切って、そこで、ある達成を感じえたときのひとつの表現ではないかと思います。

『葉隠』における夢とは、「何もかも益にたたず、夢の中のたはぶれ」の「夢」です。「はかない」と同時に、「夢の世とは能《よ》き見立て也。悪夢など見たる時、早く覚めよかしと思ひ、夢にてあれかしなどおもふ事あり」と言うように、〝悪夢〟のイメージでもあります。今生きていることが、荒唐無稽な「よしない」ことのように感じられる、「あだ」な世界に無根拠に踊る「からくつた（からくり）人形」のように感じられるということです。

そうした夢のごときこの世の人間関係のうちにとどまりながら、そのなかの、ある特別なものに「無二無三」に突入し、ある達成感が得られたときには、もうそれ自身、たんなる夢（「悪夢」）をこえている。それが「夢覚る」の内実だろうと思います。

それは、けっして漏れない、曇らない、確乎たる特別の人間関係であって、それを生き遂げられたときには、その関係はすでに無常ならざるものであるという受けとめ方です。「無常感によって濾過《ろか》されて、理念的なものとしてとらえなおされている」（相良亨「夢幻観をめぐって」）ということです。いうなればそれは、夢に突入して夢ならざるものへと突きぬけていくということです。

常朝は、次のような、意味深長な「色即是空、空即是色」の理解をしています。

「身は無相《むそう》の中より生を受《うく》」と有《あり》。何も無所《なきところ》に居るが色即是空也。其《その》何もなき所に万事を備《とと》ふるが空即是色也。二つに成《なら》ぬやうに、となり。

――われわれは、何もないところからこの身を受けた。その何もないところにいるのが色即是空である。そして、その何もないところにいて、しかもすべてを備え整えているのが、空即是色ということである。くれぐれもこれらをふたつに分けて別々のことと考えないように、と。

「何もかも益にたたず、夢の中のたはぶれ」との思いのなかで「無二無三」に生きて死ぬことの、確実にひとつの説明になっていると思います。

一般的に、武士たちには来世はあまり語られていません。彼らの言う「名」とか「恥」というのは、みなこちら世界での問題です。喧嘩での死でも切腹でも、その名誉ある死という行為によって、どこかいい世界に行けるから死ぬというのではなく、ひたすらこちら世界でのこちらで完結する思いのなかでなされているということです。

ともあれ、以上のような考え方は、受けとりようによっては、きわめて近世的な発想であるともいえます。来世の必要もなく、こちら世界の現実的な人と人との関係を生きることが第一義となってきた時代の倫理性として、です。

いってみれば、江戸儒教というのは、『葉隠』が「無二無三」の特殊においてつくりあげようとした人間関係を、いわば共同体全体へと広げようとしたということができるように思います（この問題は、あとで伊藤仁斎《じんさい》のところでくわしく見ます）。

4 「色に焦《こ》がれて死なうなら」——近松の「心中」論

戦闘員としての武士

もともと武士というのは、殺し、殺されることを日常現実として生きてきた戦闘員であって、そこに何ほどかの「夢の中のたはぶれ」という思いがあったのは、当然といえば当然といえるかもしれません。そのことを『葉隠』から武士一般にすこし広げて、ふりかえって見ておきたいと思います。

まずは、戦国武士たちの辞世の歌を見ておきます。

四十九年一酔《いっすい》の夢、一期の栄華《えいが》は一杯の酒にしかず、柳は緑にして花は紅《くれない》

上杉謙信（一五三〇～七八）の辞世の歌と伝えられるものです。自分は五十に満たずに死んでいくが、この一生は、まさに「一酔の夢」でしかなかった。そこで見た「栄華」など「一杯の酒」にもおよばない。しかしそれは「柳は緑にして花は紅」—

―そのままがそのまま、「おのずから」が「おのずから」であるという禅の常套句ですが――といったごとき事柄にすぎない、と。

あるいは、織田信長（一五三四〜八二）が好み、またその臨終に舞ったとされる「幸若舞《こうわかまい》」にしても同じです。

人間五十年下天《げてん》のうちに比ぶれば夢幻《ゆめまぼろし》のごとくなり、一たび生を得て　滅せぬもののあるべきか

ここで語られている「柳は緑にして花は紅」とか、「一たび生を得て　滅せぬもののあるべきか」というのは、あたりまえの事態としての死を、自分や周囲の者たちに対して納得・説得させるべく発せられている言葉です。

周知のことですが、軍記物語などを代表に、中世には、「おのずから」という言葉に独特の用法があります。「おのずから」というのは、自然に・あたりまえに、という意味が一般的ですが、たとえば「おのずからのことあらば」とか、「自然のことあらば」といった使い方で、「万が一のことがあれば」という意味に転用されて使われている用法のことです。自分が「万が一」死んだならば、という意味ですが、「万が

一」という意味と「あたりまえ」という意味とを、ひとつの言葉のなかに込めて使う、非常に面白い使い方です。

ともあれ、そこにあるのは、自分が死ぬということが、人間にとって、また他ならぬ、この自分にとって、いかに「万が一」と感じられる事柄であっても、それは柳は緑で花は紅であるように、「おのずから」の事柄であると受けとりなおそうとする知恵です。一度生を得た人間が必ず死んでゆくのは、ごくあたりまえのことにすぎないという確認です。

前にもとりあげましたが、豊臣秀吉（一五三七〜九八）は辞世の歌をこう詠んでいます。

露とおき露と消えゆくわが身かな浪速《なにわ》のことは夢のまた夢

ある解釈では、「夢のまた夢」を、これまでやってきた戦などのこともふくめて、すべてのことは「野望の、また野望」に終わったとされていますが、そうした「野望」なり「希望」なりといった意味での使い方（「これが私の夢です」）は、dreamの訳語から来た用法であって、こうした用法が現れるのは、明治も中期以降のことです。ですから、ここでの夢も基本的には、まさに「はかない」ものとしての「夢」、あれだけ懸命にやってきたことも、「夢のまた夢」だったなあ、というふうに理解すべきです。

いずれにしても、武士たちは、自分たちの生をふりかえったときに、判で押したように「ああ夢のようだった」という感慨をもらしています。それは、当然、死の間際だけではなく、生の折節《おりふし》においてもそのように感じていたからこそ、臨終においてあらためてそう感じ、歌っていたということだろうと思います。

しかしだからといって、彼らは、『一言芳談』のように、「此世の事はとてもかくても候」などとはけっして言いません。むしろ懸命に、この夢幻のごとき世界を生きぬいています。その能動的な行動力やエネルギーには驚くべきものがあります。この世は夢幻と言いながら、というより、むしろそう言うがゆえに、彼らは自分の命に執着することなく、戦闘者として生き切ることができた、あるいは、死に切ることができたということでもあります。そこにかえって、通常にはない能動性を可能にしている面もあるかと思います。

武士たちは、何より命に執着することを「恥」とし、その反対に「名」ということを重んじたが、それは、さきにも述べたように、死んだあと向こうにいい世界が待っているという発想とは対極的な考え方です。あくまでも、この世の、この共同体（主従関係・家族・一族・藩、等々）における「恥」であり、「名」であったということです。夢幻と思いつつ、なおかつ夢幻ならざるものをこの世の中に見いだし、それに懸命に生きようとしたところに、彼らの、いわゆる覚悟の悲壮さもあるわけです。

現代のイスラム原理主義の自爆の論理は、（「日本赤軍」一派などをとおしての）特攻思想の輸出だとも言われていますが、その思想内容は、以上見てきたような点ではまったく異なります。イスラム原理主義の自爆は、はっきりと、神とその神によって裁かれる未来の生を見据えるなかでなされる聖戦《ジハード》だからです。切腹や特攻による死は、けっしてよりよい来世のための切符とは考えられていないということです。

「一所《いっしょ》で死ぬ」——『平家物語』

ところで、『平家物語』の終わり近い部分に、平家の大将・平知盛が、最期にこういう言葉を残して入水《じゅすい》自殺をする場面があります。

見るべき程《ほど》の事は見つ。いまは自害せん。

「見るべき程の事は見つ」と言い切った知盛は、このとき、何を見たかということが問題になります。倫理学者の相良亨（一九二一～二〇〇〇）は、この言葉を、「やるべきことはやった。これでおしまい！」という毅然とした「思い切り」の発言であり、それは此岸《しがん》ですべてを完結させようとする発想であるとの読みを提示しています（『武士の思想』）。

あちらの世界への眼差しではなく、あくまでもこちら側の世界をこちら側の世界として完結させる、いわばピリオドを打つ、ということです。

人間世界の此岸性を見極めた、見切ったということは、そこにすでに彼岸への志向がふくまれているという理解も十分ありえますが、少なくとも、「見つ」と完了形で語られた「見るべき程の事」そのものの中身は、この世のあれこれの来し方と、その結末であったとはいえるだろうと思います。その掉尾《ちょうび》を飾ることに、ある種の充溢があったということです。

この場面の直前で知盛は、女房たちに戦況を問われて、「めづらしきあづま男をこそ御覧ぜられ候はんずらめ（めずらしい関東武者をご覧になられますでしょう）」と、

「からからと笑」ってさえいます。

また、ここで印象的なのは、次のような「一所で死ぬ」という彼らの死に方です。

「見るべき程の事は見つ。いまは自害せん」とて、めのと子の伊賀平内左衛門《へいないざえもん》家長を召して、……手をとりくんで海に入りにける。是を見て、侍共廿余人《にじゆうよ》おくれ奉らじと、手に手をとりくんで、一所に沈みけり。

つまり、乳母子《めのとご》（同じ乳で育った子）と「一所」に死んでいったのであり、それを見た二十数人の侍たちも、次々に手に手をとって死んでいったという死に方です。この場面だけでなく、『平家物語』には「一所で死ぬ」という死に方が頻出しますが、それは前もって約束を交わしておいて、いざという場面で「一所で死ぬ」ということです。

もう一例だけ挙げておきます。

「木曾最期《きそのさいご》」ですが、木曾義仲が最期に、「これまでのがれくるは、汝《なんじ》と一所で死なんと思ふ為なり。所々《ところどころ》でうたれんよりも、一所でこそ打死をもせめ」と、乳母子である今井四郎と二人だけになって、ともに自害しようとする。ところが、義仲は馬を水田に乗り入れてしまったために、敵に首をとられてしまう。それを見た今井は、「太刀《たち》のさきを口にふくみ、馬よりさかさまにとび落ち」て、それに貫かれて死を遂げる、という場面です。

二人とも、最期は「一所で死ぬ」ことにことさら腐心しています。この「一所で死ぬ」という行為には、これまでこの世で生きてきた人間関係の最後の確認、あるいは、その一種の完成・成就といった意味があったということだろうと思います。

いずれにしても、それは「浅き夢みじ」といった、こちらの不十全さをあちら側の世界で充塡しようとする営みではなく、こちら世界のものがいかに「夢の中のたはぶれ」であろうとも、そこで何かしらを選びとり、それを生き切ろうとする営みということができるように思います。

「心中」という死の選択

さて、以上のようなことをふまえて、近松門左衛門《ちかまつもんざえもん》（一六五三〜一七二四）をとりあげたいと思います。近松は、山本常朝とまったくの同時代人です。

ここでは近松の、いわゆる「心中もの」を見ていきます。

心中とは、もともと「心中立て」ということで、心の中は相手に証《あか》し立てられない、どれだけ好きだと言ってもそのことを証拠立てられないときに、髪を切ったり、お金を渡したりすることで、それを証そうとすることを言います。命を差し出すという行為は、その最高・最大の表現であり、それゆえ、「心中」という言葉が「ともに死ぬ」ということを意味するようになったとされています。

近松は「心中」を題材にいくつかの作品を書いていますが、そこでの死の描かれ方の問題です。ここでは、『曾根崎《そねざき》心中』という彼の最初の作品（一七〇三）を見ておきます。話のあらすじはこうです。

――お初という名の遊女が、醬油《しょうゆ》屋の手代《てだい》・徳兵衛と深く言い交わしている。徳兵衛は、主人のすすめる縁談を断ろうと、すでに継母にわたってしまっていた持参金をとり返そうとするが、そのお金を、友人の九平次にだまし取られてしまう。徳兵衛はどうにもならず、かくなるうえは自害してでも身の潔白を証明しようと思い立つ。そのような惨めな思いをしている徳兵衛に、お初は、ならば一所に死のうと提案し、結局二人は覚悟を決め、曾根崎にて心中を決行する。

舞台は、まずは、お初の「観音めぐり」から始まり、彼女が観音に願う心の内が語られます。

救いを求めながらも、そこにかえって浮かびあがってくるのは、「色に焦がれて死なうなら、しんぞこの身はなり次第」、つまり、恋に焦がれて死ぬのであれば、この身はほんとうにどうなってもかまわないといった、死をかけた色・恋への願望です。観音への、「恋に乱るる妄執の夢をさま」せ、というかたちばかりの祈願にしても、むしろいっそう、その「妄執」の方を際立たせることになっていきます。

そこには、さきにも引いた「夢の浮世の露の命のわざくれ（いたずら）、なり次第よの　身はなり次第よの」（隆達節）といった、軽くもつらい囃し言葉が鳴り響いています。しかし一方では、「籠がな籠がな　浮き名漏らさぬ籠がななう」や、また「誠に纔《わづか》の一生也。只々無二無三が能《よき》也」の思いも、そこには重ね見ることができるように思います。

友人にまでだまされて、死を口にする徳兵衛の惨めさに乗じて（と言ったら言いすぎになるが、ともあれ、それを機に）お初の主導で、二人は心中を選びとっていきます。お初は、「ア、嬉しと、死にに行く身を喜」んでさえいます。

むかし、駆け落ちについて村上辰行さんが面白いことを言っていた（「夏の終わりの物語」）のを思い起こしました。

——駆け落ちする男と女というのは、二人の思いは高まっているけど、とりまく世間とうまく行かないので逃げるのだと言われるけれども、それは違う。ほんとうに二人の間の思いが高まっているのであれば、父母や世間とも戦えるし、耐えることもできるはずである。むしろ、駆け落ちというのは、そのことによってお互いをたしかめている、あるいは高まることを期待している、というところがあるのではないか、と。たしかに、そうしたことが言えますし、ここにも、そうした側面があるように思います。ともあれ、こうした経緯で道行（死への助走）が始まります。

この世のなごり、夜もなごり、死に行く身をたとふれば、あだしが原の道の霜、一足づつに消えてゆく、夢の夢こそあはれなれ。

「夢の中なる夢なれや」というのは、謡曲や『閑吟集』以来の決まり文句です。この「夢の夢」ということを、近松の聞き書き集『難波土産《なにわみやげ》』は、「うき世は夢なるに、又我身のいま死にゆくはかなさ、さながらゆめの内にまた夢をみしこゝちなれと也」と注釈しています。霜のごとく「一足づつに消えてゆく」、そのような思いのさきに、死が特別な意味をもって、たしかに待ち受けているということです。

死の場面は、およそ次のように描かれています。

――いつまで言っていても仕方ないから早く殺して、とせかされて、わかった、とばかりに脇差《わきざし》をするりと抜き放ち、「サアただ今ぞ南無阿弥陀、南無阿弥陀」と言うけれども、さすがにこの年月、いとし、かわいいと抱きしめて寝たその肌に、どうして刃《やいば》が当てられようか。目もくらみ手も震えて、心を取り直してなおも突こうとするが、その切っ先はあちらに外れこちらに外れて、二、三度ひらめく剣の刃。「あっ」とばかりに喉笛《のどぶえ》にぐっと差し込んで、南無阿弥陀と、えぐり通しえぐり通す。腕先もだらりと落ち、「断末魔《だんまつま》の四苦八苦あはれと言ふもあまりあり」。

こうして、お初を殺した徳兵衛も、それに続いて自害していく。

――自分も遅れまい、一度に死のうと、剃刀《かみそり》を喉元に突き立て、柄《え》も折れよ、刃も砕けよ、とばかりにえぐり抜く。目もくるめき苦しむ息も、暁《あかつき》近く死ぬべき時におよんでようやく絶え果てる。誰告げるともなく、二人の心中は曾根崎の森の下風の音に広がり伝えられ、上下を問わず大勢の人々の回向《えこう》の種となり、こうして二人の恋は、「未来成仏疑ひなき、恋の手本となりにけり」。

こう、『曾根崎心中』は終わっています。

さて問題は、こうした凄惨なまでの心中の描写と、それを受けての最後の「未来成仏疑ひなき、恋の手本となりにけり」という文句にあります。これらをどう合わせて理解するか、です。

これでもか、これでもか、とくりかえされる残酷な断末魔の苦しみは、その苦しみをとおして、今ここにある人間関係を何度もたしかめ、より手応えあるものへと仕立てあげていこうとする営みの代償だろうと思います。

その先で、ともあれ「成仏疑ひなき」と言われるまでの「恋」を成就させていくのですが、ただ「成仏疑ひなき」とは言っても、それはけっして、あの世、向こう側の世界を眼差したうえでなされた行為ではないように思います。

たしかに、仏教用語を使い、何度も「南無阿弥陀、南無阿弥陀」とくりかえし、またた「(あの世で)魂のありかを一つに住まん」とも言っている。しかし、その「未来」・「あの世」には何らの実在感《リアリティ》も与えられてはいないし、また、そちらへ向かおうとする意志もそれとしては何ら描かれていない。むろんそこには「此世の事はとてもかくても」などと投げやる姿勢は、いささかも見いだせないからです。

それは、あくまでも、この世の人間関係に執着し、人間関係それ自体を完結させようとすることであって、その人間関係(恋)は、お初の願った、「色に焦がれて死なうなら、しんぞこの身はなり次第」のひとつの成就のすがたでもあります。「夢の浮世の露の命のわざくれ」、「なにともなやなう　なにともなやなう」とつぶやきながら、「一所で死ぬ」ことをまっとうし、そこに「漏らさぬ籠」をつくったと見ることができるように思います。

近松は、それを浄瑠璃《じょうるり》という芝居において、観客に提供したわけです。これもまた、すぐれて、「夢の内へ」の志向ということができるように思います。

Ⅳ

「夢と現のあわいへ」

「ありがたき不思議」――『徒然草』の存在理解

有と無のあわい

ここまで、ふたつの「超越」志向のあり方について見てきました。

ひとつは、①「夢の外へ」という志向で、この世は夢、だが夢ならぬ外の世界があるので、そこへと目覚めていくという、典型的な、宗教一般の超越のあり方です。そうしたあり方は、浄土教をはじめ、中古・中世のものに多く見られました。

そして、もうひとつは、②「夢の内へ」という志向で、この世は夢、ならば、さらにその内へと、いわば夢中にのめり込んでいくというものでした。『閑吟集』や『葉隠』などに代表されるものです。

この章では、③「夢と現《うつつ》のあわいへ」という志向をとりあげます。

それは、「夢の外へ」と、ありありと目覚めようとすることでもなければ、「夢の内へ」と深くのめり込もうとするのでもなく、「夢と現のあわい」に生きることをそれとして肯定しようとする方向です。

①も②もそれらは、いずれも「ありてなければ」をふまえてのものですが、③は、その「ある」けれども「ない」、「ない」けれども「ある」の、その有と無のあわいをそれとして引き受け肯定するあり方です。

「ありがたき不思議」

そうした志向を代表するものとして、ここでは、吉田兼好（一二八三〜一三五〇頃）の『徒然草』（一三三〇頃）をとりあげます。

まずは『徒然草』の無常感を見ておきます。『徒然草』もまた、『方丈記』などとならんで、この世の無常を語る代表的な随想文学として読み継がれてきたものです。

たとえば、百五十五段では、季節の移りゆきのなかでこういうふうに語られています。

春暮れてのち夏になり、夏果てて秋の来《く》るにはあらず。春はやがて夏の気を催《もよほ》し、夏より既《すで》に秋は通ひ、秋は則《すなは》ち寒くなり、十月は小春の天気、……生《しやう》・老《らう》・病《びやう》・

死《し》の移り来《きた》る事、又これに過ぎたり。四季はなほ定まれるついであり。死期《しご》はついでを待たず。死は前よりしも来《きた》らず、かねて後《うしろ》に迫れり。

春が終わって夏が始まるのではない。春のなかにはすでに「夏の気」のようなものがあって、その「気」が満ちていっていつの間にか夏になった、というふうに季節は移り変わるのだ。夏はまた、だんだんと空が高くなっていって空気が澄んでいき、いつの間にか秋になる。冬のぽかぽかとした日よりを小春と言うが、そうした小春が、いつの間にか、いわば〝大春〟になっていくようなあり方で春は来るのだ、と。

兼好は、このように自然の移りゆきを観察しています。

また、われわれの生き死に、生老病死もまた同じで、生というものがあって、その生の向こう側に死があるというのではない。春のうちにすでに夏が始まっているように、生のうちに死はすでに始まっている。しかも自然の移りゆきには、まだ「ついで（順序）」というものがあるが、われわれの「死期はついでを待た」ない。「死は前よりしも来らず、かねて後に迫」っているのだ、と。いつか死ぬ、向こう側に死がある、というのではない、死はすでにして背後に迫っているのだ、ということです。

百六十六段では、人間のやっていることを見ていると、ちょうど春の日に雪だるまをつくって、それに金銀珠玉《しゆぎよく》の飾《かざり》をし、それを安置するための御堂をつくろうとしているようなものだとして、こう述べています。

人の命ありと見るほども、下より消ゆること、雪のごとくなるうちに、営み待つ事甚《はなは》だ多し。

――春の日の雪だるまが下からすこしずつ溶《と》けだすように、生きているということは、もう死に始めているのだ。にもかかわらず、われわれは勤め励んで何かを期待していることが何と多いことよ。

百三十七段では、命というのは、小さな穴の開いた器に水を入れておいたときのように、滴《したた》るのはわずかのように見えるけれども、たえず漏れ続けて、いつの間にか空になってしまうようなものだ、とも説いています。

そして、そのあとで、兼好はこう結論づけています。

思ひかけぬは死期なり。今日まで遁《のが》れ来にけるは、ありがたき不思議なり。しばしも世をのどかには思ひなんや。

——思いがけなくやってくるのは死期である。今日までのがれて、生きていること自体、「ありがたき不思議」なのだ。しばしも、この世をのどかに思いなすことなどできようか。

「ありがたし」とは、原義に即していえば、むろん「有り難い」、「ありにくい」という意味です。「あり」ではあるが、それは、いつでも「なし」に転じうるものとして、なお「ある」ということです。その不思議さということで、今ここに生きていることの幸運・貴重を感じとるという「ありがたき不思議」でもあります。「思ひかけぬは死期」であるがゆえに、今こうして「あることの不思議」です。

古東哲明さんの『〈在る〉ことの不思議』という本は、人間存在自体の不思議さ、いうなれば、ここでの「ありてなければ」、「なけれどもあり」ということを、ニーチェやハイデガーなど、とくに西洋の思想を使って、より一般的に論じていますが、そうした普遍にもつながる「あることの不思議」です。

文末の「しばしも世をのどかには思ひなんや」という言葉は、そうしたきびしい無常感をふまえた『方丈記』批判です。

『方丈記』には、「閑居の気味」という「のどけくしておそれな」い世界があったが、そうしたあり方は、兼好によって徹底的に否定されています。兼好は、この文に続けて、どんな山奥に逃げ閑《しず》かに暮らそうとも、「無常（＝死）といふ敵《かたき》」は、競争するように追いかけてくる。武士が戦場に行くのと同じように追いかけてくるものなのだ、と言っています。死とは生の向こう側にあるのではなく、かねて生のうしろに張りつき、すでにして死にだしてもいるものだからです。

身を養ひて何事をか待つ。期《ご》する処《ところ》、ただ老と死とにあり。その来《きた》る事速《すみや》かにして、念々の間にとどまらず。是《これ》を待つ間、何の楽しびかあらん。まどへる者はこれを恐れず。名利《みょうり》におぼれて先途《せんど》の近き事を顧《かえり》みねばなり。愚かなる人は、またこれを悲しぶ。常住ならんことを思ひて、変化《へんげ》の理《ことわり》を知らねばなり。（七十四段）

――あくせくと走りまわって、人はいったい何を待っているのか。ただ「老と死」を待っているにすぎないではないか。「まどへる者」はこのことをおそれない。それは、「名利におぼれて」、「老と死」がすぐにやって来ることを顧みないからである。また、「愚かなる人」はこのことを悲しむ。「常住ならん（変わらないでいたい）」ことを望んで「変化の理」というものを知らないからである。

この見方からすれば、『往生要集』や『古今和歌集』が嘆いていたのは、いってみれば「常住」を望んで「変化の理」を知らなかったからだということになります。むろん彼らとてそれを知らなかったわけではない。むしろ知っていたからこそ、はげしく「常住ならんこと」を求めていたわけです。しかし、ここでは、そういう願望のあり方そのものが否定されているということです。

極楽浄土というのは、まさに常住の世界です。悟りというのは、常住である何かしらの状態を手に入れることです。それらは、仏教の一般的に教え説くところですが、兼好の考え方は、それらとはすこし違うということです。

たしかに兼好も、次のように「仏道をつとむる心」に言及しています。

人はただ、無常の身に迫りぬる事を心にひしとかけて、つかのまも忘るまじきなり。さらば、などかこの世の濁りも薄く、仏道をつとむる心もまめやかならざらん。「昔ありける聖は、人来《きた》りて自他の要事をいふ時、答へて言わく、今火急《かきゆう》の事ありて、既に朝夕にせまれりとて、耳をふたぎて念仏して、つひに往生を遂げけり」と、禅林《ぜんりん》の十因《じふいん》に侍り。心戒《しんかい》といひける聖は、あまりにこの世のかりそめなる事を思ひて、しづかについゐけることだになく、常はうづくまりてのみぞありける。

（四十九段）

無常とは、ここでは端的に死のことです。その無常を「心にひしとかけて、つかのまも忘」れてはならない。そうすれば、どうしてこの世の邪念も薄くなり、仏道に励もうとするまめやかな気持ちも起こってこないことがあろうか、と。

そう言ったあとで、二人の聖《ひじり》のエピソードを、兼好は論評ぬきで紹介しています。――昔、ある聖は、人が来てあれこれの用事を言ったときに、いま火急のことがあって、それはもう今朝、夕方に迫ってきていると耳をふさいで念仏して遂に往生をとげた。また心戒という聖は、あまりにこの世のかりそめなることを思って、ゆったりと安座することなく、いつもうずくまっていたということだ。

これらの聖たちは、「ただ、無常の身に迫りぬる事を心にひしとかけて、つかのまも忘」れなかった人たちです。彼らは「この世の濁りも薄く、仏道をつとむる心もまめやか」な人たちであって、それはじつは、われわれがすでに見てきた『一言芳談』の人たちのあり方です。じっさい『徒然草』は、『一言芳談』からいくつかの文章を「心にあひて（なるほどと同感して）覚えしことども」として引用しています。

ならば、兼好もそのひとりなのかといえば、兼好自身は、けっして、そうしたひたすらなる修行、信仰といったものに邁進しているわけではない。そこに兼好の位置があります。つまり、これだけきびしい無常感を展開しながら、そちらに向かうのでないところに『徒然草』の独自の面白さがあるということです。

「夢と現のあわい」

四十一段に、次のような話があります。

——競馬見物をしようと木に登り、そこで居眠りして落ちそうになっている人を見て、それを人々が馬鹿にしたとき、「いやいやわれわれだって、いつ死ぬかわからないのに、それを忘れてこうやって競馬を見ているのだから、愚かさは同じではないか」と、兼好が言うと、人々が「ほんとにそうですよね」と同感してくれ、ついでに見物のための場所も空けてくれた、という話です。

つまり、それは、兼好自身も競馬見物に行っていたのだし、そしてまたこのあとも、日がな一日、おそらく見ていたであろうことを示しています。兼好は、あくせくと走り回り、何かを期待して「待つ」というあり方を否定する。競馬を見に行って、それを日がな一日見物しているが、そこに「待つ」ものは何もない。そうしたあり方が「つれづれ」ということです。

つれづれわぶる人は、いかなる心ならん。まぎるるかたなく、ただひとりあるのみこそよけれ。……（そうでないから人は――引用者註）分別《ふんべつ》みだりにおこりて、得失やむ時なし。惑ひの上に酔へり。酔ひのうちに夢をなす。走りていそがはしく、ほれて忘れたる事、人皆かくのごとし。いまだ誠の道を知らずとも、縁をはなれて身を閑《しづか》にし、ことにあづからずして心を安くせんこそ、しばらく楽しぶとも言ひつべけれ。（七十五段）

たしかに兼好は、さきの聖のようなあり方を「あらまほし」と述べているし、またみずからも、彼らのように世を遁《のが》れて隠遁しています。が、兼好には、すでに『一言芳談』のような仏教のもつ超越世界への懸命さ、とりわけ、さきに見たような「夢の外へ」の志向はほとんど感じとることはできません。彼らへの共感はあるものの、それはむしろ、その方法ないし姿勢・態度の問題にとどまっています。

隠遁はするけれども、ひたすら菩提に向かおうとしているわけではない。それゆえ

「いまだ誠の道を知らず」という自覚はある。出家はしているけれど、それはただ、環境として「縁をはなれて身を閑にし、ことにあづからずして心を安く」する、そのことにおいて「しばらく楽し」んでいるということにすぎません。

まさに暫時、しばらくのことです。「思ひかけぬ（は）死期」を受けとめつつ、今こうして「あることの不思議」を「しばらく楽し」んでいるだけです。それが「つれづれ」ということです。

「つれづれ」というのは一種の空白状況です。暇であり、所在なさ、手持ち無沙汰、退屈であり、遊びでもあります。兼好が否定しているのは、ある目標・目的を立て、それを待ち向かうという生き方です。それは、何かに対して一生懸命「がんばる」というあり方でもあります。「頑張る」という当て字がありますが、それは、頑《かたく》なに張《は》ってものが見えなくなった状態のまま突っ走ることであって、兼好が批判しているのは、そうした生き方です。

目的をさきに設定し、その目的のために現在を収斂させていくような生き方とは、たとえば、いい大学に行こうと思って一生懸命勉強し、その大学に行けば行ったで、そこでまた一生懸命やって、いい会社に行こうとする。こうして、向こうに向こうにと目的を投げかけて、それの達成のために努力するというような生き方です（さらには、この世の生の全体を、後世での安楽のためにと捧《ささ》げるといったような考え方も出てきます）。

こうした生き方は、いってみれば、現在を未来の手段に化する生き方で、それを兼好は、「ほれて忘れ」て惑って夢を見るような生き方であるとして否定するわけです。

Ⅰ章で述べた「はか」あることのみに生きる生き方です。

「つれづれ」というのは、つまりは無目的の状態です。無目的とは、見方を変えれば、やりたいことをやるということです。外・先においた目的によって自分を縛らない、手ぶらの状況です。花見をしたいと思えばする。競馬を見たいと思えば見る。何かを書きたいと思えば書く。無目的の「つれづれ」とは、つまり、今やっていることがそのまま目的になっているあり方です。

したがってそこには、何も「待つ」ものはない。すべてを「遊び」として、「しばらく楽しぶ」あり方です。そうしたあり方においてこそ、〝今ここにあること〟の「ありがたき不思議」を生きることができるわけです。

そこには「ほれて忘れ」て惑って夢を見る生き方にはない、面白さや楽しさ、また美しさの味わいがあります。

あだし野の露きゆる時なく、鳥部山《とりべやま》の烟《けぶり》立ち去らでのみ住みはつるならひならば、いかにもののあはれもなからん。世はさだめなきこそいみじけれ。……あかず惜《お》しと思はば、千年《ちとせ》を過《すぐ》すとも一夜の夢の心地こそせめ。（七段）

もし、あだし野の露が消えないとか、鳥部山の煙が風で飛ばされない、ということがあるなら——鳥部山には死体焼き場があって、そこから煙が立ち去らないというのは、人が死なないでずっと生きているということであるなら、ということが含意されています——そうであったならば、いかに「もののあはれ」、情緒・感動というものがないことであろうか、と。

「あはれ」とは、「ああ、はれ」という感動詞です。どんな対象であれ、「ああ」、と思わず溜息が出るような事態は、すべて「あはれ」です。そうした情緒・感動というものは、「はかない」からこそ、この世が無常だからこそあるのだという逆説が、そこに成り立ってきます。

「さだめなき」を嘆き、常住を求めるのが通常の願望のあり方ですが、ここではそうではない。世は定めがないからこそ「いみじ（すばらしい）」なのだ、と。もうすこし、もうすこしと、「あかず惜しと思はば（満足せずに惜しいと思うならば）」、たとえ千年の時が経とうとも、それは一夜の夢のようなものだ、というわけです。それはまさに、「ほれて忘れ」た酔いのなかに惑っている人たちのあり方のことです。

『方丈記』的隠遁は、どこかこの世に「のどけくしておそれなし」という無常の圏外にある世界を求めようとするものであった。そこには「閑居の気味」として、管弦とか水石《すいせき》とか、慰みごととして無常を忘れさせてくれるものがあった。が、兼好にはそういうものがない。それは「つれづれ」なるあり方に反する、結局は「ほれて忘れ」ることに属してしまうものだからです。

あらためて確認しておくと、『徒然草』には、こういう無常感が完徹しています。


無常変易《へんやく》の境、有りと見るものも存ぜず、始めある事も終りなし。志は遂げず、望みは絶えず。人の心不定《ふじよう》なり。物皆幻化《げんげ》なり。（九十一段）

「有りと見るものも存ぜず」して（まさに「ありてなければ」ですが）、その意味であらゆるものが「幻化」だとされています。しかし、その「幻化」は、すべて何も「ない」というのではなく、いかに「あり」にくくとも「ありがたく」して「あり」、「しばらく」「ある」ものです。その意味でそれは「ありがたき不思議」とされているのですが、そうしたあり方をそうしたものとして引き受け生きろ、ということです。
それは、①「夢の外へ」と、外部世界に目覚めていこうとすることでもなければ、②「夢の内へ」と内部世界にのめり込もうとするものでもない、「あり」と「なし」、「始め」と「終り」、③「夢と現のあわい」に生きることを、それ自体として肯定しようとする志向ということができるだろうと思います。

2 「夢と現のあわい」の美意識・倫理
——「幽玄《ゆうげん》」「やさし」

「幽玄」の美と「やさし」

以上のような「夢と現のあわい」において、次のような美意識が成立してきます。

花はさかりに、月はくまなきをのみ見るものかは。雨にむかひて月を恋ひ、たれこめて春の行方《ゆくへ》知らぬも、なほあはれに情《なさけ》ふかし。咲きぬべきほどの梢《こずゑ》、散りしをれたる庭などこそ見所多けれ。

（百三十七段）

桜は満開のときにだけ、月は満月のときにだけ執着して見るべきものであろうか。そうではないのではないか。今にも咲きそうな梢や、散ったあとの庭などにもたくさんの見所があるではないか、と。それはまさに、移りゆくもの（無常）を移りゆくものとして、それぞれの時点において享受しようとする態度です。

さらにその美意識は、「雨にむかひて月を恋ひ、たれこめて春の行方知らぬも、なほあはれに情ふかし」といった美意識につながっています。直接、月を見上げ愛《め》でるのではなく、雨に降り込められて見えない月を想像することにおいても情緒はある、ということです。

そこにはある種の間接性の美学といったものがありますが、それは、中世末期までに完成してきた「幽玄」という美的理念にもつながっています。室町の僧で連歌師でもあった心敬《しんけい》（一四〇六〜七五）にこういう言葉があります。

常に飛花落葉《ひからくやう》を見ても草木の露を眺《なが》めても、この世の夢まぼろしの心を思ひとり、ふるまひをやさしくし、幽玄に心をとめよ。（「心敬法印庭訓《ていきん》」）

花が飛び、葉が落ちるのを見ても、あるいは草木の露を眺めても、この世の夢まぼろしの心を思いとれ、と言っています。今生きていることは夢まぼろしではないというのではなく、今生きていることは夢まぼろしなのだと積極的に思いとれ、と。そしてそのうえで「ふるまひをやさしくし、幽玄に心をとめよ」と、「幽玄」・「やさし」という美意識・倫理が要請されているわけです。

「幽玄」とは、鴨長明が「詞に現れぬ余情《よせい》、姿に見えぬ景気《けいき》なるべし」（『無名抄《むみょうしょう》』）と端的に定義しているように、言葉にこれこれだというふうにはっきり言ってしまわないところにある余情、また、姿にくっきりと見せてしまわない気分・雰囲気といった美のあり方です。確認するまでもなく、それは今見た『徒然草』百三十七段の美意識です。

こうした美意識は、無常に生きる人たちが無常ならざるものを外部に求めるのでもなければ、内にあって何ものかを無常ならざるものへと仕立てあげ、のめり込んでいくのでもない、まさに、「ありてなければ」をそれとして受けとめることのなかに現れてくるものです。

つまりそれは、ありありと、くっきりとした「あり」を求めるものでもなければ、かといってむろん、「なし」に開きなおるものでもない、まさに「あり」と「なし」とのあわいにおいて見いだされた美のあり方ということができます。

「やさし」についても一言ふれておくと、「やさし」とは、もともと「痩《や》せし」で、「人々の見る目が気になって、身もやせ細る思いがする意」が原義です（『岩波古語辞典』）。そして、それが「転じて、遠慮がちに、つつましく気をつかう意。また、そうした細やかな気づかいをするさまを、繊細だ、優美だ、殊勝だと感じて評価する意」（同）へと変わってきた言葉です。

内には高いものを秘めていながら、それを抑えこんで静かにひかえめに表すといったところに成立してきた美意識ですが、それがやがて、そうした生き方のできる倫理的な態度、能力を示す言葉としても使われてきます。

中世末期になって、情け深い・親切だ、といった現代と同じ用法が登場してきますが、そこにも、おのれを抑えて、相手やその場のあるべき関係に準じようとする、古くからの用法の延長を見いだすことができます。

もともと、「人々の見る目が気になって、身もやせ細る思いがする」という、自他の落差・距離の意識から出発し、他者や場へのひかえめな配慮を先立たせる、この

「やさし」の倫理には、独特の距離感覚なり相対感覚なりが具わっています。それもある種の間接性であり、その点においても、「やさし」は「幽玄」と通底しています。

いずれにしても、こうした美意識や倫理が、心敬らが説くように、「この世の夢まぼろしの心を思ひと」るところ、「ありてなければ」と受けとめるところに成立してきたというところに注目すべきだろうと思います。

近代日本の出発点で、東洋・日本の美を西欧に紹介しようとした岡倉天心（一八六二〜一九一三）は、こういう言い方をしています。

はかないことを夢に見て、美しい取りとめのないことをあれやこれやと考えようではないか。（『茶の本』）

あえてなされたこうした言い方には、あらためて、われわれの生きるこの人生の「はかなさ」を積極的に受けとめようとする決意をうかがうことができます。それは、次のような茶道の本質的な理解にもつながっています。

茶道の要義は「不完全なもの」を崇拝するにある。いわゆる人生というこの不可解なもののうちに、何か可能なものを成就しようとするやさしい企てである。

茶道の要義は、「不完全なもの」（あるいは、「不可解なもの」「不可能なもの」）を崇拝するところにあるというわけです。「はかなさ」とは、まずもって、そうした「不完全さ」を感得する感受性ですが、かといってそれは、「不完全さ」のままに停滞するということではありません。

「「不完全なもの」を崇拝」しつつ、そのうちに何かしら「完全なもの」（あるいは、「可解なもの」「可能なもの」）が成就されるべく「やさしく」企てられているのが茶の道なのだということです。

そのことはさらに、――「真の美はただ「不完全」を心の中に完成する人によってのみ見いだされる」、「何物かを表わさずにおくところに、見る者はその考えを完成する機会を与えられる」、「「不完全崇拝」にささげられ、故意に何かを仕上げずにおいて、想像の働きにこれを完成させる」、等々と説明されています。

『茶の本』に一貫している、こうした考え方は、同時に、東洋・日本の美の要諦でもあるととらえられているが、いうまでもなくそれは、ひとり天心の発明ではなく、これまで見てきたような美学の、いわば近代的なまとめ方です。「雨にむかひて月を恋ひ…」も「幽玄」、「やさし」も、また、「秘すれば花」も、「わび」、「さび」も、いずれも、いうなれば「不完全なもの」を崇拝しつつ、「人生というこの不可解なもののうちに、何か可能なものを成就しようとする」ところに発見された美ということができるだろうと思います。

「はかないことを夢に見て、美しい取りとめのないことをあれやこれやと考えようではないか」とは、そうした覚悟の表現です。

3「俗の外に道なし」——伊藤仁斎の日常への目覚め

近世という時代の倫理性

この章で論じてきた「夢と現のあわいへ」という方向ではないが、近・現代の問題に入る前に、近世の主流思想であった儒教思想を、本書の視点からすこし見ておきたいと思います。

さきに「無二無三に死狂ひするばかり也。是にて夢覚る也」という『葉隠』の文章をめぐって、「無二無三に死狂ひ」をする覚悟においては、〝一〟なる人間関係へと収斂し、その充実が目指されていたということ、そしてまた、その達成を「夢覚る」と言っていたということを見てきました。

そのうえで、その延長にある「一生落度なく家職を仕課《しはた》すべき也」という考え方は、すでに、きわめて近世的な発想になっているのではないか、さらに、儒教思想というのは、『葉隠』が「無二無三」の特殊の〝一〟においてつくりあげようとしたものを、いわば、共同体全体へとおし広げようとしたものと考えることができるのではないか、とも指摘しました。

来世を前提することなく、こちら側の世界での、現実的な人と人との関係・秩序を生きることが第一義とされて来た時代の倫理性として、です。

Ⅰ章で見たように、こちら側の世界を〝夢〟の世としてとらえ、そこから「出ること」、すなわち「出家」、「出世間」を基本に考えたのが仏教です。しかし儒教においては、むしろ、こちら側の世界をこそ〝実〟の世として、そこでの「家」や「世間」をどのように秩序立てたものとして生きるかが主題的に問われています。あらためて確認するまでもなく「未だ生を知らず、焉《いづく》んぞ死を知らんや」（『論語』）とは、儒教の基本テーゼです。

仁斎による仏教・道教批判

ここでは、そうした儒教を代表する思想家として、江戸前期の伊藤仁斎（一六二七〜一七〇五）をとりあげます。仁斎は、この世を離れ、この世の現実を「はかない」夢の世と見るような見方を徹底的に批判しています。

蓋《けだし》釈《しやく》氏《し》は天下を離れて独《ひと》り其《そ》の身を善くせんことを欲す。……山林に屏居《へいきよ》し、世故《せこ》を謝絶し、坐禅面壁《ざぜんめんぺき》、硬く斯《こ》の心を澄清《ちようせい》するを以《もつ》て事と為《し》、其の修行既《すでに》久しく、功夫《くふう》既に成るに及《およん》で、忽《たちまち》天地万物、悉《ことごと》く皆幻妄《げんもう》、山川城郭《さんせんじようかく》、総《すべ》て空相《くうそう》を現して、独此《ひとりこ》の心孤《こ》明歴歴万劫尽《めいれきれきばんこうつく》ること無きを見て、自《みづから》三界《さんがい》を超脱すと謂《い》ふ。（『童子問《どうじもん》』）

——そもそも釈迦《しゃか》は、人と人との具体的な人間関係を問題にせず、自分ひとりの生き死にを問題にしようとしていた。だから、山林に入り込み、そこで人事・人間関係の一切を絶ち切り、壁に向かって座禅などして、自分一箇の心を澄ますことだけを大事にしようとした。そうした修行を長く続け、その効果が現れるにおよんで、天地万物がことごとく「幻妄（まぼろし）」のごとく映り、山も川も城も郭（外囲い）も、すべてが「むなしく」見えてきた。その結果、そのことをもって、自分の心だけが、ひとりありありと明らかで、いつまでたっても変わることがないなどと思い込んで、迷いの世界をこえ出ることができた、と言っているのだ。

根本的な仏教批判です。

仁斎自身、「白骨観」という仏道修行を、若い頃に実際にしてみたと言われています。「白骨観」とは、山林に入り、たじろがずにじっと人の死にゆくさまを見つめ、やがて白骨になるまで観察するにおよんで、この世と人の「むなしさ」、「はかなさ」を悟るというものです。

そうした仏教のものの見方は、自分ひとりがある特定状況をつくりだし、そのなかでそのように強いていけば、あるいはそう見えてくるものなのかもしれないが、それは人と人とが関わりながら、具体的に生きている日常現実の世界を無視した、おかしな考え方だと批判するわけです。
続けて、こうも述べています。

人世《じんせい》を夢幻《むげん》にすとも、人世何ぞ曾《かつ》て夢幻ならん。天は是《こ》れ天、地は是れ地、古《いにしへ》は是れ古、今は是れ今、昼は是れ昼、夜は是れ夜、生は是れ生、死は是れ死、夢は是れ夢、幻は是れ幻。有る者は自《おのずから》有り、無き者は自《おのずから》無し。明明白白、復疑《またうたがひ》を容《い》るる所無し。　（同）

——人の生きているこの世界を「夢幻」だなどと説く人もあるようだが、「人世」が一度たりとも「夢幻」であったことなどあろうか。天は天、地は地、……夢は夢、幻は幻、有るものは有り、無いものは無いのであって、そんなことは明々白々なことで、まったくもって疑いえようもないではないか。

同語反復を重ねた、たたみかけるような批判です。同語反復は、これ以上にない確実な言い方ですが、あえてこうした言い方をとおして、仁斎は、ことの自明性を明らかにしようとしています。

「有る者は自《おのずから》有り、無き者は自《おのずから》無」い。このことはどこにも疑いを差し挟むことができないほど自明であるにもかかわらず、それを「有る者」を無きがごとく、「無き者」を有るかのごとく言いたてるのは「自《おのずから》」の道理に反している。儒教の聖人というのは、「有は其の有に還《か》へし、無は其の無に還へ」した、ただそれだけのことをした人だというわけです。

仁斎の仏教批判は、さらに続きます。

二氏の教は、皆其《そ》の意《い》想造作《そうぞうさ》に出《い》でて、自然の正道に非《あらず》。夫《そ》れ人の当《まさ》に修むべき所の者は、人倫のみ。人の当に務《つと》むべき所の者は、人事のみ。（同）

「二氏の教」とは仏教と道教のことであるが、これらの教えは、すべて意《こころ》で想って拵《こしら》えあげたものにすぎない。山林にこもって、白骨と化すまでずっと死体だけを見続けていれば、そうした特殊状況に見合った特殊なものの見え方や感じ方ができてくるだろう。それが「意想造作」ということだ、と。

それは、いわば観念操作、現代ふうにいうならば、マインドコントロールのようなものであって、けっして「自然の正道」、「自《おのずから》」ではないという批判です。人たるものが修めるべきは、まさに人と人との事柄、人倫・人事なのであって、それらを修め務めることにおいてこそ、われわれは「自然の正道」を歩むことができるというわけです。

このように、仁斎の思想の主眼は、仏教・道教において否定されていた「家」や「世間」というものを、あらためてそれ自体としてありありと受けとりなおすところにあったということができます。そこでは、「ありてなければ」、「夢か現か」といった、あいまいな無常感は、来世の願望とともに、「有る者は有る」、「無い者は無い」というかたちで整序されてしまいます。

日常現実そのものへ

そこでは、「卑《ひく》きときは則《すなはち》自《おのずから》実《じつ》なり。高きときは則《すなはち》必《かならず》虚《きよ》なり。故に学問は卑近を厭《いと》ふこと無し」といった視点が強調されてきます。事柄が卑近であるとき、それはおのずから、〝実〟であるが、高遠《こうえん》・高踏《こうとう》的で、抽象的な議論をもてあそぶものは、必ず〝虚〟である、ゆえに学問というものは、けっして卑近ということを厭うことはないのだという視点です。

「卑き」という言葉自体に、すでにある種の価値観がふくまれていますが、仁斎はあえて、そうした卑近なこと、具体的に今、目の前にあるものを基本にものを考えようとしたわけです。そうしたものを蔑《ないがし》ろにして、どこか高いところ、遠いところのものをありがたがって求めようとすることを否定しようとしたということです。

いうまでもなくそれは、「夢の外へ」という超越のあり方に対する批判です。

このことは、「天」という超越概念のとらえ方においても、独自な解釈として示されています。

惟《ただ》天も亦然《またしか》り。人惟蒼蒼《そうそう》の天を知《しつ》て、目前皆是《もくぜんみなこ》れ天なることを知らず。天は地の外を包む。地は天の内に在り。地以上皆天なり。左右前後も亦皆天なり。人両間《ひとりようかん》に囿《ゆう》して居る。豈《あに》遠しと謂《いふ》べけんや。（同）

――卑近が大事だということは、「天」という考え方においても同じである。天というと、人はただ空を見上げて、青々としたものだけが天だと思っているが、天は地を包み、地は天の内にあるものなのだからして、つまりは地上もすべて天なのだ。左右前後、すべて天であり、人はそれに囲まれて存在しているのだ。その天を、どうして高く、遠いところにのみ求める必要があろうか。

「天」という超越概念は、われわれの外部、ないし上部のこえたところにあるものだと考えられやすいし、事実そう考えられてきたのですが、仁斎はそうした考え方を否定しているわけです。天とは、けっして高く遠いところにあるものとしてこちら側に関わるものではなく、目前の左右前後のこちら側の世界をふくめてすべて天と受けとめよ、ということです。

ここから、われわれが今ここの左右前後を生きることにおいて、そのまま天に通いうるのだという考え方が引き出されてきます。孔子の教えにもとづいて、日常現実の人間関係をおこたることなく務めるならば、「則《すなはち》自《おのずから》天道《でんどう》に合《かな》ひ、人倫に宜《よろ》しく、人為《た》る所以《ゆえん》を失ふに至《いたら》ず」、と。それがそのまま「天道」の「おのずから」の大きな働きにかなうという考え方です。

こうした発想は、この日常現実の俗なるあり方のほかに、とくに修めるべき「道」はないという、「俗の外に道なく、道の外に俗なし」といった考え方になっていきます。

それは、どこか外部世界に目覚めていこうとする①「夢の外へ」でもなければ、目をつぶしてでもこの世界の内へとのめり込もうとする②「夢の内へ」でもありません。

かといって、③「夢と現のあわいへ」といった微妙な位相もまた、求められてはいません。

仁斎は、はっきりと「人世を夢幻にすとも、人世何ぞ曾て夢幻ならん」と断じることで、「夢幻」ならざるこの日常現実の「明明白白」たるありように目覚めていこうとしたわけです。それゆえ、あえて分けるとすれば、それはやはり、①「夢の外へ」にふくめられるべきものだろうと思います。ただ、そこでの「夢の外へ」とは、極楽浄土のような、あちら側の世界へと向かうものでなく、日常現実そのものに向かうものです。より具体的には、目前の他者の存在に向かうものです。

他者こそが、自分ひとりでつくりだしたような特殊な夢の世界の〝外部〟だからです。仁斎が何より人間関係を重んじたゆえんが、ここにあります。

V

ふたたび、現代日本の無常感

―「人間の安心」論――近代日本の「無」の思想

「人間の安心」論――福沢諭吉

晩年の福沢諭吉(一八三四～一九〇一)に、「人間の安心」(『福翁百話《ふくおうひゃくわ》』一八九七)と題する、周知の文章があります。近代以降の無常思想を論じるにあたって、まずはそこから見ておきたいと思います。

……宇宙無辺《むへん》の考を以て独《ひと》り自《みず》から観ずれば、日月も小なり地球も微《び》なり。況《ま》して人間の如き、無知、無力見る影もなき蛆虫《うじむし》同様の小動物にして、石火電光《せっかでんこう》の瞬間、偶然この世に呼吸眠食《みんしょく》し、喜怒哀楽の一夢中、忽《たちま》ち消えて痕《あと》なきのみ。

――無限の宇宙から見れば、太陽も月もまた地球も微少なる存在で、まして人間の如きは「無知、無力見る影もなき蛆虫同様の小動物」にすぎない。「石火電光の瞬間、偶然この世に」生まれ、呼吸し、眠り、食べ、喜んだり、怒ったり、あるいは悲しんだり楽しんだりして、まさに夢のごとき一生をおくり、たちまち消えて何の跡形もなくなってしまう、そういう存在なのだ。

「人間の安心」論は、こうした人間観を基本に立論されています。人間は「蛆虫同様の小動物」で、人生は、偶然、瞬間、一夢中の「戯《たはむ》れ」だからこそ、心安《こころやす》く「戯れ」ることができるのだ、と。

また、別のところでは、人間はもともと何ももって生まれて来なかったし、何ももって死んではいけないものだが、そういう存在であるからこそ、むしろ安心できるのだ、と「本来無《む》一物《いちもつ》の安心」という言い方もしています。

みずからが創設した慶應義塾は、その心血をおしみなく注いだもののひとつですが、それすら「平生《へいぜい》は塾務を大切にして一生懸命に勉強もすれば心配もすれども、本当の私の心事の真面目《しんめんもく》を申せば、この勉強心配は浮世の戯れ、仮の相ですから、勉《つと》めながらも誠《まこと》に安気《あんき》です」（『福翁自伝』）と語りうるものとして運営されていました。「腹の底に極端の覚悟を定めて、塾を開《ひらい》たその時から、何時でもこの塾を潰《つぶ》して仕舞《しま》ふと始終考えて居るから、少しも怖いものはない」（同）というわけです。

尊さへの反転

福沢のこうした考え方は、「事物を軽く視《み》て始めて活溌《かっぱつ》なるを得べし」(『福翁百話』)といった発想につながってきます。

慶應義塾の例でいえば、絶対に潰してはならないと思うと心が萎縮《いしゅく》してしまうが、こんなものはもともとなかった、いつ潰してもかまわないと軽く思ってやっていれば、すみやかに決断もでき、かけひきもできるから、その方がかえって活発で事業もうまくいく、という発想です。

「本来無一物の安心」「浮世の戯れ、仮の相」「事物を軽く視て始めて活溌なるを得べし」という主張には、Ⅲ章2節の『閑吟集』の「どうせ」・「いっそ」のところでも見たように、意味・目的、また真理や神を先立たせないところにこそ、もともと人間に具《そな》わっている生の力がかえって発揮されるという、ニーチェの主張に近いものがあります。明治近代をリードした福沢の、あのエネルギッシュで膨大な啓蒙活動も、まさにそうした「事物を軽く視」るところにこそ可能であったということもできるように思います。

その意味では、福沢の人間蛆虫論・人生戯れ論は、②「夢の内へ」に入れることもできそうですが、それは、何よりものごとが膠着《こうちゃく》・停滞することを嫌った啓蒙主義者・福沢には似つかわしくありません。彼は、②のような「夢の内へ」とのめり込んでいく態度を「惑溺《わくでき》」と表現し、そうした態度からの脱却として文明・開明への啓蒙を説いていたからです。

むしろ、人間に対する容赦ない相対認識を目覚めさせることによって、かえってそこからある種の「安心」なり「活溌」なりを引き出してきていると考えた方がいいように思います（あるいは、その相対認識は、「宇宙無辺の考えをもって独り自から観ずれば」という、ある種の総体認識といってもいいかもしれません）。

さきの「人間の安心」論の後半は、そうした認識と、それを引き受ける覚悟のできる心をもっている人間こそ「万物の霊」として尊い存在なのだと、人間の「尊さ」論へと反転させてきているわけですが、そこにも同種の論理を見いだすことができます。

それは、生きていること自体の「ありがたき不思議」を「しばらく楽しぶ」といった兼好のものとは位相も中身も異なってはいるものの、大きく分ければ、③「夢と現のあわいへ」の考え方にふくめることもできるように思います。

つまり、ここでの「安心」「活溌」「尊さ」は、いわば「世はさだめなきこそいみじけれ」の「いみじ」さであり、さきの、いわば底のぬけたような経営論は、いうなれば「つれづれ」の営みといっていいものだからです。

「ナカエニスム」――中江兆民《なかえちょうみん》

後継の自由民権論者の中江兆民（一八四七～一九〇一）の場合にも同じことが指摘できます。余命一年半と宣告された兆民は、病床にありながら、なお多々「楽しむ可き有る」ことを、著書『続一年有半』（一九〇一）において実際に繰り広げて見せています。それを可能にしたのは、いわゆる「ナカエニスム」と言われる次のような考え方です。

> 世界は無始無終で有《あ》る、即ち悠久の大有《たいゆう》で有る、又《また》無辺無極で有る、即ち博広《はっこう》の大有で有る、而《しか》して其《その》本質は若干数の元素で有《あっ》て、此《この》元素は永久游離《ゆうり》し、抱合《ほうごう》し、解散し、又游離し、抱合し、解散し、此《か》くの如くして一毫《いちごう》も減ずる無く、増す無く、即ち不生不滅《ふしょうふめつ》で有る、草木人獣皆是物《このもの》の抱合に生じ、解散に死するので有る。

この中江兆民の考え方は、人間をふくめて世界の本質を「若干数の元素」に還元してしまうという、あっけないほどの単純な唯物論です。ここから彼は、一切の神仏や霊魂の存在を否定します。そうしたものは、人間の「死を畏《おそ》れ生を恋ひ、未来に於て尚《な》ほ独自一己の資格を保《たも》たんとの都合よき想像」にすぎないと考えたからです。

しかし、こうしたアンチ・ヒューマニズムに徹した立場においてこそ、明治日本に後発の自由・平等の「民権」思想を精力的に鼓吹《こすい》しえたのですし、余命一年半と宣告されても、なおそこでゆったりと自分の命を「しばらく楽しぶ」こともできたわけです。無神論・無霊魂論という「無」に徹底することにおいて、かえってそうした肯定が可能であったということです。

芥子粒《けしつぶ》ほどの存在——志賀直哉

もうひとつだけ、志賀直哉（一八八三～一九七一）の『暗夜行路《あんやこうろ》』（一九三七）の例を挙げておきます。小説のなかで主人公が自己にまつわるさまざまな問題に悩みぬいたあげく、最後には、ある種の安定を得ていく様子が次のように描かれています。

疲れ切ってはいるが、それが不思議な陶酔感《とうすい》となって彼に感ぜられた。彼は自分の精神も肉体も、今、この大きな自然の中に溶込《とけこ》んで行くのを感じた。その自然というのは芥子粒程に小さい彼を無限の大きさで包んでいる気体のような眼に感ぜられないものであるが、その中に溶けて行く、――それに還元される感じが言葉に表現出来ない程の快さであった。何の不安もなく、睡《ねむ》い時、睡《ねむり》に落ちて行く感じにも多少似ていた。


福沢のと、ほぼ似た構図です。この小説の主人公は、「大きな自然」のなかに「芥子粒程に小さい」自分を見いだし、そこにみずからを融解・解体せしめることによって心の安定を得ています。志賀はこの作品を書きあげて以降、大きな動揺を見せることなく、人生をスナップで切り撮ったような、非常に安定した小品を書いていきます。

このように見てくると、そこには、ある共通した考え方や感じ方が指摘できます。みずからを無に等しい卑小な存在ととらえることによって、逆にそこに、「安心」なり「安定」なりを見いだそうとする発想です。

のちに、伊藤整《いとうせい》（一九〇五～六九）は、こうした発想を次のようにまとめています。

人間は自己の不存在即ち死滅を状態のオリジナルなものと考えることによって、今ある生を限りなく貴重に意識したり、またその宇宙に於ける存在の小ささやはかなさを考えることによって、名誉や汚辱《おじょく》や不幸を取るに足りぬものと考えて安定を得る。……我々は神の代りに無を考えることによって安定しているのである。考える力がないのではない。考える必要を感じないでバランスを保っているのに過ぎない。無の絶対は神の絶対と同じように強いものである。

（『近代日本人の発想の諸形式』）

伊藤が指摘しているのは、「神の代りに無を考えることによって安定している」と言われるような「無」の受けとめ方です。

その「無」は、むろん、まったく何も「無い」ということを意味しているわけではありません。その「無」を下敷きに、今ここに「有る」生の貴重さや「はかなさ」をあらためて感じとるといった、「なし」と「あり」のあわいをそれとして肯定しようとする発想ということができます。

伊藤は、そのことを、「バランスを保っているのに過ぎない」と言っていますが、その「無の絶対は神の絶対と同じように強い」ともされるものでもあり、近代日本の無常を考えるための大事なヒントがそこにはあります。

2 「夢よりも深い覚醒」——見田《みた》宗介《むねすけ》の「鮮烈ないとおしさへの感覚」

現代のニヒリズムを考える

最後に、ふたたび現代日本の無常・ニヒリズム状況について見ておきます。

I章で、唐木順三の問題提起をとりあげました。すなわち、現在ほど無常・ニヒリズムの事態を眼前にさらけ出している時代はない、だから、「もはや、迂路《うろ》をたどるべきではない。無常なるものの無常性を、徹底させるよりほかはない」（『無常』）という提起です。

「無常なるものの無常性を、徹底させる」とは、むろん、その徹底において、何らかの肯定へと転ずることが目論《もくろ》まれていることはいうまでもありません。それは一世紀前に、こうした問題をはじめて主題的に考えたニーチェがとった方向でもあります。そこにはむしろ、「ニヒリズムは一つの正常な状態である」（『権力への意志』）といった認識が先取りされていて、そこでは価値転換の試みが企てられていました。無常認識の徹底という言い方で唐木が考えていたことも基本的には同じですが、唐木はそのことを、仏教の論理で考えようともしています。

仏教については、またあとでとりあげることにして、ここでは、いま述べた唐木の提言を真っ向から受けとめたものとして、見田宗介さんの思想を中心に見ていきたいと思います。われわれの直面するニヒリズム状況を考えるにあたって、現代におけるもっとも魅力的な考え方のひとつだと思うからです。

認識の透徹のかなたに

見田さんは、『現代日本の感覚と思想』（一九九五）で、次のような現代の思想認識を語っています。

前世紀末の思想の極北《きょくほく》が見ていたものは〈神の死〉ということだったように、今世紀末の思想の極北が見ているものは、〈人間の死〉ということだ。

それはさしあたり具象的には、核や環境破壊の問題として現れているが、そうでない様々な仕方でも甘受されていて、若い世代はこのことを日常の中で呼吸している。核や環境破壊の危機を人類がのりこえて生きるときにも、たかだか数億年ののちには、人間はあとかたもなくなっているはずだ。未来へ未来へと意味を求める思想は、終極、虚無におちるしかない。

二〇世紀末の状況はこのことを目にみえるかたちで裸出してしまっただけだ。人類の死が存在するということ、わたしたちのような意識をおとずれる〈世界〉に終わりがあるという明晰《めいせき》の上に、あたらしく強い思想を開いてゆかなければならない時代の戸口に、わたしたちはいる。

（「世界を荘厳する思想」傍点は原文、以下同）

見田さんは、現代の思想の極北は「人間の死」「人類の死」ということだと言い切っています。それは「さしあたり」目に見えやすいかたちでは、「核や環境破壊の問題として現れている」が、とりわけ若い世代には「そうでない様々な仕方でも」受けとめられているとも指摘しています。本書の冒頭で紹介した、小学五、六年生と中学生の半数以上が「自分が生きている間に人類は滅びる」と感じているという調査などは、そのことを端的に表しているだろうと思います。

「未来へ未来へと意味を求める思想」とは、Ⅰ章で見た「はか」第一主義（prospect前望姿勢）の近代把握です。それは「終極、虚無におちるしかない」ものなのであって、われわれは「〈世界〉に終わりがある」という明晰な認識のうえに、そこに「あたらしく強い思想を開いてゆかなければならない」と主張しています。

見田さんは、以前の『気流の鳴る音』（真木悠介名、一九七七）に収められている「色即是空と空即是色――透徹の極の転回」という文章のなかでも、これと同趣旨で次のようなことを述べています。

われわれの行為や関係の意味というものを、その結果として手に入る「成果」のみからみていくかぎり、人生と人類の全歴史との帰結は死であり、宇宙の永劫の暗闇のうちに白々と照りはえるいくつかの星の軌道を、せいぜい攪乱《かくらん》しうるにすぎない。いっさいの宗教による自己欺瞞《ぎまん》なしにこのニヒリズムを超克《ちょうこく》する唯一の道は、このような認識の透徹《とうてつ》そのもののかなたにしかない。

すなわちわれわれの生が刹那《せつな》であるゆえにこそ、また人類の全歴史が刹那であるゆえにこそ、今、ここにある一つ一つの行為や関係の身におびる鮮烈ないとおしさへの感覚を、豊饒にとりもどすことにしかない。


「未来へ未来へと意味を求める思想」は、ここでは「行為や関係の意味というものを、その結果として手に入る「成果」のみからみていく」思想と表現されています。その「成果」や「帰結」なるものが、結局は、それぞれの人生の、あるいは、その人生に意味を与えている社会や人類全体の死・終わりに行きつくだけだという認識があるとすれば——それを見田さんは「ニヒリズム」と呼んでいますが——それをこえる「唯一の道」は、そうした「認識の透徹そのもののかなたにしかない」と言っています。

それは、これまで見てきた図式でいえば、①「夢の外へ」の外部世界に超越するのでもなく、②「夢の内へ」とのめり込んでいく方向(それは「自己欺瞞」とも言われている)でもありません。そうではなく、われわれの生も人類の全歴史も「刹那」でしかないという「認識の透徹」において、なお「今、ここにある一つ一つの行為や関係の身におびる鮮烈ないとおしさへの感覚を、豊饒にとりもどすこと」が目指されています。

それはまさに、「ありてなければ」をそのままに、その「ありがたき不思議」を感じとる感覚であり、③「夢と現のあわい」において感得されるものです。それが、「〈世界〉に終わりがあるという明晰の上」に開かれた「あたらしく強い思想」の核になるのだと思います。

これとほぼ同じ発想を、井上靖（一九〇七〜九一）の「人生」（『北国』一九五八）という詩で確認しておきます。

M博士の『地球の生成』という書物の頁を開きながら、私は子供に解りよく説明してやる。
――物理学者は地熱から算定して地球の歴史は二千万年から四千万年の間だと断定した。しかるに後年、地質学者は海水の塩分から計算して八千七百万年、水成岩の生成の原理よりして三億三千万年の数字を出した。ところが更に輓近《ばんきん》の科学は放射能の学説から、地球上の最古の岩石の年齢を十四億年乃至《ないし》十六億年であると発表している。原子力時代の今日、地球の年齢の秘密はさらに驚異的数字をもって暴露されるかもしれない。しかるに人間生活の歴史は僅《わず》か五千年、日本民族の歴史は三千年に足らず、人生は五十年という。父は生れて四十年、そしておまえは十三年にみたぬと。

――私は突如語るべき言葉を喪失《そうしつ》して口を噤《つぐ》んだ。人生への愛情が曾《かつ》てない純粋無比《むひ》の清冽《せいれつ》さで襲ってきたからだ。

この「曾てない純粋無比の清冽さで襲ってきた」という「人生への愛情」とは、見田さんの「今、ここにある一つ一つの行為や関係の身におびる鮮烈ないとおしさへの感覚」のことです。それはまた、福沢の「宇宙無辺の考を以て独り自から観ずれば、日月も小なり地球も微なり。況して人間の如き…」といった認識のうえで「今ある生を限りなく貴重に意識」したものともそう遠くないように思います。

ところで、「鮮烈ないとおしさへの感覚」にも、「曾てない純粋無比の清冽さ」にも、ともにそこにはある種の透明さ・清澄さが見いだされます。それは、夢へと突入していくことでもなければ、かといって、どこかに目覚めるべき外部を求めるのでもない、今ここでの「明晰」であり「透徹」した認識のあり方を表しているように思います。

夢よりも深く

この点に関して見田さんは、さきの『現代日本の感覚と思想』のなかで「夢よりも深い覚醒へ」という言い方で、次のような興味深い発言をしています。

竹田がその井上陽水論で書くのは、たとえばつぎのようなことだ。人間は挫折をとおして、憧憬や感傷や理想を奥歯で嚙み殺すリアリストになる。「陽水にもその痛恨が滲みなかったはずがないが、彼は自分のリアリストの方を嚙み殺したのだ」。

〈色はにほへど〉の「いろは歌」の結末を、〈あさき夢みじ　酔ひもせず〉というもとの読み方から転回して、〈あさき夢みし　酔ひもせず〉というひとつの〝口惜しさ〟としてとらえた、ビューティフルな誤読ともいうべきものは、新鮮な衝撃をわたしに残した。色即是空ではなく空即是色こそ、わたしたちの時代の、課題なのだ。

夢から醒める、ということが、感動の解体であるばかりでなく、いっそう深い感動の獲得でもある、というところにつきぬけていく力として、フッサールは(井上陽水は)、竹田にとってあるようにわたしにはみえる。(傍点原文)

「夢から醒める、ということが、感動の解体であるばかりでなく、いっそう深い感動の獲得でもある」という考え方が焦点です。(竹田《たけだ》青嗣《せいじ》さんの井上陽水論での)陽水が「憧憬や感傷や理想」を「噛み殺す」、つまり「夢から醒める」ことによって「感動の解体」した「リアリスト」になってしまうのではなく、むしろその「リアリストの方を噛み殺したのだ」ということが、その例として語られています。

「リアリストの方を噛み殺(す)」ということは、直前で「陽水にもその痛恨が滲みなかったはずがない」と言われているように、「リアリスト」の認識を前提にしています。陽水は、そのうえでなお「いっそう深い感動の獲得」をこころざしたのだというわけです。

あるいは〈あさき夢みし　酔ひもせず〉と、「あさい夢をみてしまった。酔っぱらいもしないで」と解する「ビューティフルな誤読」にも同様の事態を見ています。ここでも、「色は匂へど　散りぬるを」という無常感が前提です。そのうえでなお、見るべき「夢」が「あさかった」と〝口惜し〟んでいるのですから、そこに「夢から醒める、ということが、感動の解体であるばかりでなく、いっそう深い感動の獲得でもある」という考え方を見いだすことができるということです。

そうしたあり方は、基本的には③「夢と現のあわいへ」の方向に属すると考えられますが、見方によっては、①「夢の外へ」とも、また②「夢の内へ」とも微妙なところで絡んでいるようなところもあります。

①「夢の外へ」が、たんにこの現実世界の外部に想定されている世界への超越ということであれば、ここの発想がそうではないことはいうまでもありません。しかし、伊藤仁斎がそうであったように、そうした外部世界へと超越していくことを拒否して、この俗世界に内在することで、そこに、ありありと、生き生きとした倫理を築こうとしているというかぎりでは、①「夢の外へ」ということもできます。ともあれそれは、「夢から醒める」という「明晰」さにおいての志向だからです。

しかしまた、②「夢の内へ」が、「一期は夢」、「誠に纔《わづか》の一生也」といった認識のもとに、「ただ狂へ」、「只々無二無三が能《よき》也」と意識的に選びとっているものだとすれば、つまり、たんに「自己欺瞞」的に目をつぶっているのではないものだとすれば、「夢よりも深い感動」という、この方向とそれらのあり方の間には、それほどの違いはないということもできます。『葉隠』の「無二無三に死狂ひするばかり也。是にて夢覚る也」という言葉が、あらためて意味深長に感じられてくるゆえんです。

3 「花びらは散る 花は散らない」
——「色即是空、空即是色」の論理

「色即是空、空即是色」

さて、以上のことをふまえて、ここで「色即是空、空即是色」という仏教の論理について見ておきたいと思います。

「鮮烈ないとおしさへの感覚」を語っていた見田さんの文章の題は「色即是空と空即是色」でしたし、今見た文章でも、「夢から醒める、ということが、感動の解体であ

るばかりでなく、いっそう深い感動の獲得でもある」といったあり方を、「色即是空ではなく空即是色こそ、わたしたちの時代の、課題なのだ」とも言いかえていました。さきの「色即是空と空即是色」という文章で、見田さんはこうも述べています。

これまでの生の年月を十重《とえ》二十重《はたえ》に呪縛《じゅばく》してきた、天皇制国家の価値体系や、戦略戦術的な身構えや、帝国軍人としての役割意識等のいっさいを剝奪され解体された精神のまえに、はじめて裸形の自然がその姿を現わす。

これと近似する体験はまた、たとえば鉄道自殺の未遂者が、空の美しさというものを衝撃的に発見する瞬時としても記録されることがある。

いっさいの価値が空しくなったとき、かえって鮮烈によみがえってくる価値というものがある。

仏教のいちばんいい部分には、万象を空しいと観じた時に、逆にふわっと浮び上がってくる万象の価値への感覚があるように思う。色即是空、空即是色という転位《てんい》の弁証法《べんしょうほう》は、人間と世界との関係のいっさいの真理をつつむ。（傍点原文）

「いっさいの価値が空しくなったとき、かえって鮮烈によみがえってくる価値というものがある」――それが「色即是空、空即是色」ということだ、と。それは、「人間と世界との関係のいっさいの真理をつつむ」とも言われています。

この章で見てきた、福沢の「人間蛆虫論」から、こうした見田さんのものまで、いうなれば、それぞれそれにおける「色即是空、空即是色」の議論ということもできます。生の「はかなさ」「むなしさ」をはっきりと受けとめる「認識の透徹」において感じとられてくる「価値への感覚」です。

それは、唐木(もしくはニーチェ)の、「無常(ニヒリズム)なるものの無常(ニヒリズム)性を、徹底させるよりほかはない」ところに期待されていたものと同質のものだろうと思います。

しかし、あまりにもよく知られた、この「色即是空、空即是色」という仏教論理自体は、じつは必ずしも理解しやすいものではありません。

語釈としては、「すべての物的現象(=色)には実体がない(=空)、しかし、そうした空なるあり方こそ、そのまま万有の現象である」とでも訳すよりほかない文句ですが、それだけのこの文句を、どう生きた思想の言葉として語りうるかこそが問題なのだろうと思います。

唐木の『無常』の言い方をかりれば、「さういふ言ひふるされて具体的意味を失つてしまった言葉の意味内容を、いまあらためて考へる」ことこそが重要だということです。

「空即是色」の生きた表現

近年、この文句をふくんだ『般若心経《はんにゃしんぎょう》』をやさしく解釈した魅力的な本が何冊も出されています。そうしたものの一冊に、新井満さんの『自由訳　般若心経』があります。新井さんは「色即是空、空即是色」について、こう自由訳をしています。

この世に存在する形あるすべてがつかのまであるからこそ、
ついさっきまで存在していたものが滅び去った次の瞬間、
またぞろ様々なものが、この世に生じてくるのだよ。
あたかも何もなかったあの大空に、
再び様々な形をした雲が、湧《わ》き出てくるようにね……
つかのまの存在ではあるけれど、

あなたは意味もなく、この世に生まれてきたわけではない。

無数の様々な原因と条件が寄り集まって、生まれてきたのだ。

つまり、生まれる意味があったからこそ、あなたは生まれてきたのだ。

そのことを思うと、不思議な気分になるね……。

そうなのだ。

今、生きているあなたとは、奇蹟《きせき》のような存在であると言っても、過言ではない。

まことにまことに、ありがたい存在でもあるのだよ。……

実は、あなたのいのちとは、宇宙大河の一滴のことなのだ。

わずか一滴ではあるけれど、その一滴がなければ、宇宙大河はついに成り立たない。……

宇宙大河の中を、とうとうと流れてゆく、あなたのいのち。

あなたのいのちの中を、とうとうと流れてゆく宇宙大河。

即ち、あなたとは、宇宙そのものなのだよ。


「つかのまの存在」であるがゆえに、われわれは「様々な形をした雲」のように湧き出ては消えてゆく。そうした「奇蹟のような存在」、「ありがたい存在」とは、これまでに見てきたいくつかの発想とも重なってきます。

しかし、ここでとりわけ着目しておきたいのは、それがさらに、「無数の様々な原因と条件が寄り集まって、生まれてきたのだ」、「あなたのいのちとは、宇宙大河の一滴のことなのだ」というところから説かれている点です。

ふり返って考えてみれば、福沢の「人間の安心」論にしても、「宇宙無辺の考を以て独り自から観ずれば」というところから説き起こされていたものであり、その「宇宙」とは、「宇宙天然の大機関は霊妙《れいみょう》不可思議にして、此地球面《このちきゅうめん》の万物、上は人類より下は禽獣草木土砂塵埃《きんじゅうそうもくどしゃじんあい》の微に至るまでも其処《そのところ》を得ざるなし」とも説かれるものでした（『福翁百話』）。

中江の場合も同じで、彼は徹底した唯物論を語りながら、その「本質」である「若干数の元素」は、トータルには「一毫《いちごう》も減ずる無く、増す無く、即ち不生不滅《ふしょうふめつ》で有る」ような、そうした大いなる「大有」が、そこに想定されていました。われわれをふくめ万物は、そうした「大有」のなかから現れ、そしてまたそのなかへと消えていくだけのことだというところに、ゆったりとした死生観・世界観を可能にしていたわけです（『般若心経』にも、「空」の相として、「不生不滅…不増不減」とあります）。

「大きな自然」に融解していく自分を発見した志賀の場合もそうですが、こうした拡大阪「色即是空、空即是色」ともいうべき発想は、「宇宙大河」「宇宙天然の大機関」「大きな自然」といった、何らかの大いなるものの枠組みのなかで語られています。

福沢や中江、志賀などもふくめて、近代日本の知識人には、〝死んだら無になる〟という死生観がしばしば見られます。が、〝死んだら無になる〟という、その「無」の多くが、けっしてまったく何も無くなるということではなく、大きな自然、大いなる宇宙にまたもどる、そこから出てきて、またそこにもどるという意味合いをもつ「無」であることがわかります。〝死んだら無になる〟と言いながらも、なおそこに、ある種の「安心」なり「慰め」なりが可能となっているゆえんです。

「無常」という言葉を使えば、たしかにその「無」は、常無しの移りゆきでありながら、つねに同時に大いなる「おのずから」の移りゆきでもあると認識しているということです。

一滴としての存在

以上の点を確認したうえで、あらためて、そのなかにおける自己のあり方について考えておきます。

さきに紹介した新井さんの詩のなかの「宇宙大河の一滴」という表現をとりあげますが、ここで念頭におかれているのは、晩年の志賀直哉の「ナイルの水の一滴」という文章（一九六八）だろうと思います。

人間が出来て、何千万年になるか知らないが、その間に数えきれない人間が生れ、生き、死んで行った。私もその一人として生れ、今生きているのだが、例えて云えば悠々流れるナイルの水の一滴のようなもので、その一滴は後にも前にもこの私だけで、何万年遡《さかのぼ》っても私はいず、何万年経《た》っても再び生れては来ないのだ。しかも尚その私は依然として大河の水の一滴に過ぎない。それで差支《さしつか》えないのだ。

『暗夜行路』と構図自体は同じですが、ここではそのうえでさらに、その小さな私という存在のあり方が絶対的なものとして摑《つか》みなおされています。つまり、私という存在は、大河の一滴にすぎないという相対認識（総体認識）と同時に、しかし、その一滴が、唯一無二、一回かぎりであるという絶対認識があらためて語られているということです。

新井さんの自由訳の表現もふくめて、こうした考え方には、最澄《さいちょう》（七六七〜八二二）の「一隅《いちぐう》を照らす」とか、道元（一二〇〇〜五三）の「一隅の特地《とくち》」といったような「一隅（いちぐう・ひとすみ）」の考え方につながるものがあります。近代以降でも、内村鑑三（一八六一〜一九三〇）が「一隅に立つ」ということを言っていますし、最近では相良亨がこの考え方に注目しています。

それは要するに、われわれは、絶対というものには全的にはいたりえないし、それを知り尽くすことはできないが、それぞれに特殊な一隅においては、その絶対に確実に連なっているといった考え方です。

われわれの「みずから」の認識、自己という存在認識は、ほんの一隅・一瞬の存在ではあっても、それは「おのずから」という大いなるもの、絶対的なるものに連なる一隅・一瞬であって、それがゆえに、その一隅・一瞬は一隅・一瞬であるままに、ある意味で絶対的なものとしてある、といった考え方です。

見田さんふうにいえば、われわれはそれぞれ、大き海の波頭のひとつとして「ある」ということです。「あり」と「なし」のあわいという発想には、こうした含みがあります。

大いなる「おのずから」のリズムの一瞬・一節・一隅

劇作家の山崎正和《やまざきまさかず》さんは、こう述べています。

はじけては消える夏の夜の花火を見ていると、ふと、そこはかとない悲しみがただようことは事実である。日本人は昔からそういう「はかなさ」に心ひかれ、人生の無常に耽《ふけ》って来たと信じられている。それは確かにその通りなのだが、しかしその同じ日本人が、ふしぎに一方で極端なニヒリズムに走らなかったことも事実なのである。人生の無常をかこちながら、われわれの先祖はそのなかにけっこう安定した自然を見出していた。そしてそれはたぶん、一瞬の変化のなかにも「序《じょ》・破《は》・急《きゅう》」を感じとる、あの敏感な秩序の感覚のせいにちがいないのである。

（『混沌からの表現』）

「はかなさ」を感じ取る感受性は、同時に「けっこう安定した自然を見出していた」

という指摘であり、それは、「一瞬の変化のなかにも「序・破・急」を感じとる、あの敏感な秩序の感覚のせいにちがいない」と言っています。

序・破・急とは、舞いや音楽での、拍子やテンポ・リズムの展開のあり方を表す言葉で、序は始まり、破は中間、急は結末といった区分・違いを表しています。一瞬の変化のなかにも、そうしたテンポ・リズムを感じ取る「秩序の感覚」とは、つまりは、その一瞬の変化がそれだけでむなしく移ろうのではなくして、それがより大きなもののうちでの変化だと感じ取る感覚のことです。つまり、無常を刻むテンポ・リズムそのものに、大きな自然の安定したテンポ・リズムを重ねて感じ取るという感じ方のことです。

無常のリズムそのものに「安定した自然」のリズムを重ねて感取する、このような受けとめ方を、哲学者の磯部《いそべ》忠正《ただまさ》（一九〇九～九五）は、もうすこし一般的にこう述べています。

いつのまにか日本人は、人間をも含めて動いている自然のいのちのリズムとでも言うべき流れに身をまかせる、一種の「こつ」を心得るようになった。己れの力や意志をも包んで、すべて興るのも亡びるのも、生きるのも死ぬのも、この大きなリズムの一節であるという、無常観を基礎とした諦念《ていねん》である。

（『「無常」の構造』）

日本人の無常観は、大きな「自然のいのちのリズム」のようなものと重ねて感じ取られるとき、「己れの力や意志をも包んで、すべて興るのも亡びるのも、生きるのも死ぬのも、この大きなリズムの一節である」という「諦念」となるということです。「諦念」とは「明《あき》らめ」であり、「諦《あきら》め」です。「諦め」とは、鴨長明のところでも見たように、明らかにされた如何《いかん》ともしがたい事態を、まさに如何ともしがたいものと受けとめることです。

その「諦め」は、長明の場合もそうであったように、本来の仏教とは違って、どこまでも「はかない」と受けとめる主体としての「我」というものがとどめられていますす。そうした主体をとどめながら、それを「大きなリズムの一節」へとあらためて位置づけ、感じ取るということが、この感受性のあり方の肝《きも》でもあります。

孤独を突きぬける

この節の最後に、ふたたび謡曲をとりあげておきます。世阿弥の「姨捨《おばすて》」という曲です。それは、概略、次のような曲です。

――かつて捨てられた老女の亡霊が、姨捨山に仲秋の名月を見に来た旅人と、今宵ともに月を楽しもうと現れる。冴えわたる月光の下で、老女の思いは高まり、舞いを舞う。だが、心はついに慰めかね、なお切なく昔を偲《しの》ぶ。やがて夜明けとともに、亡霊の姿は見えなくなり、いなくなったと思った旅人は姨捨山を立ち去る。老女は、またひとりとり残されてしまう。

そして、最後、この曲はこういう詞章で終わります。

独《ひと》り捨てられて老女が、昔こそあらめ今もまた、姨捨山とぞなりにける、姨捨山となりにけり。

かつて捨てられた老女が、またもや捨てられて「姨捨山となった」という話です。この作品の眼目は、たんに捨てられたことに対する恨みではありません。そうしたレベルをとうに突きぬけて、いってみれば、人が生き死んでいくことのもっている、ある、どうにもならない孤独さ・孤絶さが描かれています。

この曲が「冷たい美しさに冴えかかっている」のは、老女の亡霊が、人に、ではなく、月に慰めを求めながらも、なお慰めかねて、そちら側へとどんどん行ってしまったところ、つまり「死から生の世界へかえってくるのではなく、死をつきぬけて、別の存在へと変身をとげた」（増田正造《ますだしょうぞう》『能の表現』）というところにあります。

「姨捨山とぞなりにける、姨捨山となりにけり」と、静かにたたみかけることで一曲を終わらせている作者（世阿弥）は、人間世界をはるかに突きぬけたところから老女を見、そこに彼女をおいています。「風凄《すさま》しく雲尽きて、さびしき山の気色《けしき》」のなかにおかれた、そのさびしさのままに、なお彼女のいること、いたことが、鮮やかに訴えだされています。ふたたび『能の表現』を援用すれば、こう評されうるようなところはたしかにあります。

それは宇宙の運行を思わせて、淡々と、あるがままに徹して流れた偉大な孤独。感傷も、諦念もなく、すべてを排除しきって澄みきった〝そのもの〟に昇華《しょうか》していた。それは何という生命の強靭《きょうじん》さだったろう。

救済という観点からいえば、ここには救済の名に値する救済などない。しかし、にもかかわらず、その視線は、いわば絶望の奈落に落とし込むようなものではなく、逆に「生命の強靭さ」なるものを浮かびあがらせるものになっています。

こうした反転が可能であったのは、その孤独がさびしい孤独でありながら、まさに増田さんの指摘のごとく、「宇宙の運行を思わせて、淡々と、あるがままに徹して流れた偉大な孤独」ともいうべきものであったことにあるように思います。

月が月としてあり、山が山としてあるような、宇宙そのもの、自然そのもののありよう、「おのずから」のありようへと突きぬけ、それにふれたところで、「みずから」の存在や働きがある像を結んできているということです。

それはまさに、孤独の、「ある」か「なき」かの一隅・一瞬・一節ではあるが、しかしそれとして、鮮烈、荘厳であるような一隅・一瞬・一節としてたしかめられた、ということだろうと思います。これもまた、ひとつの「透徹」した「色即是空、空即是色」の表現です。

「花びらは散る、花は散らない」

浄土真宗の僧侶であった金子《かねこ》大栄《だいえい》（一八八一〜一九七六）は、「色即是空、空即是色」をこう簡単に訳しています。

花びらは散る。
花は散らない。

このままで、「姨捨」のみごとな解説にもなっています。「花」とは、「色即是空、空即是色」の鮮やかな色合いのことであり、「荘厳」のきらめきのことです。

それは、私の手持ちの図式からいえば、基本的に③「夢と現のあわいへ」ということになるのですが、さきに謡曲を、②「夢の内へ」のところで論じたように、老女の亡霊の「妄執」が「夢の内へ」と突入しながら、それが以上のようなところまで突きぬけたと考えれば、②ということになるし、また、これもすでに述べたように、①「夢の外へ」の「外」のとり方如何によっては、①ということも、むろん可能です。

しかし、いうまでもなく、図式の分け方などは便宜的なものにすぎません。ほんとうに大切な問題は、われわれひとりひとりが、みずからの「ありてなければ」の「はかなさ」に、どう向き合い、それをどうふまえて生きうるか、です。そこで、どのような「花」を彩れるか、ということだけです。その「花」の咲くところがどこであれ、そこが「はかなさ」の向こう側ということになるはずです。

4「はかなさ」の感受性の現代的意味
――ゆたかな有限性へ

「遠い遠い祖先からの遺伝的記憶」としての「天然の無常」

最後に、「はかなさ」という感情、感受性の現代的意味について、このたびの3・11の東日本大震災や原発事故をふまえ、あらためて考えてみたいと思います。

昭和のはじめころ、物理学者で随筆家であった寺田寅彦（一八七八〜一九三五）は、こう言っています。

……地震や風水の災禍《さいか》の頻繁でしかも全く予測し難い国土に住むものにとっては天然の無常は遠い遠い祖先からの遺伝的記憶となって五臓六腑《ごぞうろっぷ》にしみ渡っている……。

（「日本人の自然観」）

日本の文化や思想は、いくたびかの地震や風水の災禍をのりこえるなかで蓄積されてきた「遠い遠い祖先からの遺伝的記憶」のうえにできてきたとも言っています。ですから、このたびのことも、寺田に言わせれば、（物理的な規模はともあれ）、「千年に一度」とか、「未曾有」という言い方は、きっと違う、と言うのではないかと思います。ただ、われわれの側が忘れていただけだ、と。

ここで、寺田は、「天然の無常」という言い方をしています。常でない、というこの世のあり方としての無常は、なお、天然・自然の「おのずから」の働きとしての無常だということです。無常という、われわれには不可抗・不可避の働きは、同時に、自然の「おのずから」の働きであり、それは、ただ暴力的にわれわれを威圧するばかりではなく、大いなる慈しみ、恵みを与えてわれわれを育んできたものでもあるというわけです。

前節でも見たように、われわれの生き死には、われわれ「みずから」には、いかに無常と感じられようと、そこには同時に、四季の大きな移り行きや月の満ち欠けのような「おのずから」のリズムと同じものがあるということでもあります。

こう述べながら、そのさきで寺田は、以下のような大事な警告をしています。

しかしここで一つ考えなければならないことで、しかもいつも忘れられがちな重大な要項がある。それは、文明が進めば進むほど天然の暴威による災害がその劇烈の度を増すという事実である。（「天災と国防」）

つまり、数千年来の「遠い遠い祖先からの遺伝的記憶」におけるすぐれた蓄積とは必ずしもそのままではうまく合わない、あるいは合わせ方が問われてくるものとしての「文明」、とりわけ「科学」といった「人為」のあり方への問題です。

人間の力で自然を克服せんとする努力が西洋における科学の発達を促した。……西欧科学を輸入した現代日本人は西洋と日本とで自然の環境に著しい相違のあることを無視し、従って伝来の相地《あいじ》の学を蔑視して建てるべからざる所に人工を建設した。そうして克服し得たつもりの自然の厳父のふるった鞭《むち》のひと打ちで、その建設物が実にいくじもなく壊滅する、それを眼前に見ながら自己の錯誤を悟らないでいる、といったような場合が近ごろ頻繁に起こるように思われる。
（「日本人の自然観」）

「自然の環境に著しい相違のあることを無視」し、ただ「人間の力で自然を克服せんとする」ことに一辺倒になってきた近代日本の科学技術のあり方への批判です。そう言い立てていたのが、その科学の分野でも、当時、世界でもトップレベルであった寺田自身です。

さて、このたびの震災報道には、「人災」という言葉があふれていました。「人災」というのは、「自然災害」そのものでなく、人間が介在して、その不注意や怠慢、不手際によって引き起こされた災害のことです。

むろん、そうであったところは当然あったし、そうした問題についてはしかるべく対処すべきで、とりわけ、原発事故については、それはどれだけ強調しようともしすぎることはありません。そうであるかぎり責任が生ずるし、なにより詳細な検証が必要になってくるはずです。

が、そのことを十二分にも確認したうえで、このあふれるほどの「人災」という言い方のなかに、私にはある種の違和感が感じられました。

その言い方のなかには、ややもすれば、今度の災難は人間が招いた災難であるがゆえに、その責めは誰かが負うべきであり、ということは、その責めによって失われたものが補塡・回復しうるのだといったようなニュアンスを感じさせるものがあったからです。

「人災」という言い方とはすこし違いますが、このたびの震災・事故では、「想定外」とか「想定以上」といった言葉もくりかえし使われていました。たしかにマグニチュード九・〇は「未曾有」「想定外」の規模であったかもしれませんが、すこし災害の歴史をふりかえってみれば、自然の猛威はつねに「想定外」の暴力をもって、われわれを襲って来ていたはずです。関東大震災でも伊勢湾台風でも阪神・淡路大震災でも、すべて、いわば「想定外」であったからこそ、何千、何万という犠牲者が出たのだろうと思います。

にもかかわらず、今回「想定外」という言葉がこれだけ使われたのは、それだけ今のわれわれが、知らず知らずのうちに、現代文明の力を、とくに高度に発達させてきた科学技術の力をいかに過信してきたかということを示しているように思います。

「安全神話」とは、ほんとうは「はかりしれない」自然の働きやそれに基づいたこの世のさまざまな出来事を、みな「はかりうる」もの、「はからいうる」ものと想定したところに形成されてきたものだということです。

Ⅰ章でも見たように、近代の科学技術の基本的な発想は、ものごとを「はかり」にかけて計量し数値化し、そのことによって、人生や世の中を、さらに便利に、さらに安全に営もうと「はかる」ところにあります。

しかし、このたびの震災が突きつけたものは、自然の力とは、ついぞわれわれの「はかる」営みなどに飼い慣らされるようなものではないということでした。

さらにはまた、核エネルギー――それは、もともと太陽の核融合のエネルギーで自然といえば自然ではありますが、そこに手を突っこんで取り出してきたこのエネルギーが、はたしてわれわれの「はかる」ことのできる手の内にある技術なのかどうなのか。原発事故の根本的な収束がおぼつかない状況では、また、放射能汚染問題がうまく処理できない状況では、きわめて深刻に問わざるをえないところにまできてしまったように思います。

「はかない」という感受性

そこがまさに、危機crisisということです。

戦後、ひたすら「はかり」「はかどる」ことを最優先でやってきた日本がぶつかっている、この危機をどう受けとめ、軌道修正したらいいのか。より根源的な考え方・感じ方のレベルで転機crisisを迎えることが求められているように思います。

この本の冒頭の唐木順三の問い、「この繁栄、この進歩が、死への、滅亡へのそれではないか」という問いは、まさに今現在のわれわれ自身への、あらためての問いでもあったということです。

唐木とほぼ同じころ、文明学者・梅棹忠夫《うめさおただお》（一九二〇〜二〇一〇）も、文明や科学技術がこのまま進んで行けば、人類の未来には暗黒と破滅しかないと警告し続けていました。

人間にとって、科学とは何か、これは、わたしはやっぱり「業《ごう》」だと思っております。人間はのろわれた存在で、科学も人間の「業」みたいなものだから、やるなといってもやらないわけにはゆかない。…自分で業であることを自覚してコントロールすることをしらなければいけないと思うんです。人間のものの考え方として今までとちがう考え方をしなければならない。（「未来社会と生きがい」）

子供をつくるのをやめろといってもやめられない、そうした性欲のごとく、知的欲求・欲望が際限もなく前に前にと進もうとするので、やがて制御可能なキャパシティを超えてしまう。もともと科学者の知的好奇心の発見であった原子力が今まさしくそうであるように、と。

梅棹の、未刊に終わった『人類の未来』の構想ノートは、全編、とりわけ最終章は、「暗黒」という言葉や「破滅」という言葉に溢れ、そうした「人類の未来」を基調に構想されていました（そのあまりの暗澹さゆえに出版されなかったとも言われています）。

以上のようなことを念頭に、二〇〇八年一一月、私のコーディネートで、「軸の時代Ⅰ　軸の時代Ⅱ――いかに未来を構想しうるか？」というシンポジウムが開催されました（主催・東京大学グローバルCOE「死生学」プロジェクト）。基調報告は、「〈世界〉に終わりがあるという明晰の上に、あたらしく強い思想を開いてゆかなければならない」（前出）と述べていた見田宗介さんにお願いしました。

そこで、見田さんは、こう述べていました。

――「世界は有限であるという真理に正面から立ち向かい、その有限な生と世界を肯定する力を持つような思想が生み出されないと、次の時代を生きられないということになってきているのではないか」。

問題は、その有限性をいかにわれわれが現実可能なものとして、受けとめることができるか、できないか、です。われわれは、無限性を前提に、無限性に向かい、次から次へとわいてくる欲望や願望を簡単に否定することができないのも事実だからです。

DDTを始めとする農薬などの危険性を、春になっても鳥が鳴かなくなったという出来事を通し訴えたレイチェル・カーソン『沈黙の春』が書かれたのは一九六二年のことであり、人口増加や経済成長を抑制しなければ、人類は、環境汚染、食糧不足など百年以内に破滅すると警告したローマ・クラブ『成長の限界』が書かれたのは、一九七二年のことです。

きちんとした事実を事実として、数字の裏付けをもって突きつけられながら、その後においても、われわれはなお成長に成長を重ねて欲望をとめることができないでいます。それは、梅棹忠夫の表現を借りれば、まさに「業」のごとくに、です。

われわれに「理性」がないわけではない。核のゴミの処理ができなければ何千年、何万年も毒を出し続けるものであふれてしまうことはわかっている。わかっていてもやめられないでいます。そこには、どこかで科学技術の力が、文明の力が解決してくれるはずだと、根拠もなく願われてもいます。

——あらためて、寺田の言っていた、「いつも忘れられがちな重大な要項」としての、「文明が進めば進むほど天然の暴威による災害がその劇烈の度を増すという事実」を、何度でも反芻してみる必要があるゆえんです。

梅棹は、だからこそ、この問題は「理性」だけではなく、つまり、頭だけではなく、心や感情、体もふくめて、いわば「英知」の問題として考えろ、感じろ、と提起していました。頭で欲望を抑えるというだけではなく、欲望・情動のあり方そのもののあり方、受けとめ方の問題として考えろ、ということです。

具体的には、「生きがいの大量生産と配給」批判、「脱落の倫理」「無為無能のすすめ」「逆進化」「モーレッ人間はこまる」「あそびの価値」、等々といった考え方がくり広げられています（前出「未来社会と生きがい」）。

それは、ここまで述べてきた「はかなさ」の感受性ということにおいて語ろうとしているものと、ほぼ重なってくるように思います。

「はかなし」という感受性は、「はかる」という営みの対照にあります。

Ⅰ章でも述べたように、「はかなし」は、基本的にはネガティブな感情ですが、同時に、そこにおいてのみ可能であるようなポジティブなものを見いだすことができる感情でもあります。

この本で見てきたことは、「はかなさ」という感情は、「みずから」の有限であることの認識において、なおそこにポジティブなもの、いとおしさや美しさ、面白さや元気さといったもの、さらには、「みずから」を包み込んである、「はかる」ことのできない何ものかを感受することのできる、そうした感情だということです。

有限だから我慢しろ、というのではなく、有限だからこそ、それを楽しみ、それをゆたかに受けとめることができるということです。本来「ありてなければ」を感得する「はかなさ」とは、そうしたことを可能にする感受性だということができるように思います。

おわりに

秦恒平さんは、私のもっとも愛読する現代作家のひとりですが、その代表作のひとつ、『みごもりの湖』の最後に近い部分に、こういう箇所があります。

ラジオで、ある高名な科学者が、「かりに地球が生まれた瞬間から只今《ただいま》まで、ちょうど一年三百六十五日経ったとする、すると我々人類は、その過去一年の、どの頃に生まれたと思うか」と問い、その正解が「大晦日《おおみそか》の午後十一時五十九分三十秒、だった」と聞いて、主人公がその感慨を語るところです。

人間の歴史が地球一年にくらべて僅《わず》か三十秒。もし過去五十世紀の文化と限っていえば一秒にも当らない。槇子《まきこ》は、突然眼に浮かんだ幸田迪子《みちこ》の顔が、この一秒にも当らない寂しみを少しも驚かずに受け容れている顔かとふと想った。あの幸田も、きっと姉の菊子も、同様に、この一秒二秒の正確な重さと軽さを知っていて、他の何でもなく、ただこの一点で三人は、生まれた死なれたという受苦をあきらめ、幸田のいわゆる〝身内〟として結びあわされていたのだ——。

……人間の未来を信じて発想される一切の判断や行為をあの人らはうさんくさく拒絶し、全く別の永遠、一秒が一瞬でも、即《そく》永遠と化する秘蹟《ひせき》を頼む人なのだ。政治、文化、思想も行動も、人生一瞬の金無垢《きんむく》のような寂しみを分母としない限りは敢然《かんぜん》と見すてて、秘蹟をただ身近な、極《ご》くえらばれた人の心のなかに覗《のぞ》き見ようとだけ苦しみつづける人なのだ。

ここにもまた、「人間の未来を信じて発想される一切の判断や行為を……拒絶」する考え方があります。人生どころか、人類の全歴史が、地球一年に比べてわずか三十秒、政治・文化・思想など一秒に満たないようなものとして「あきらめ」られています。秦さんの文学世界は根底においてはつねに、そうした「一秒にも当らない寂しみを少しも驚かずに受け容れている」ところに展開されているように思います。

その「人生一瞬の金無垢のような寂しみ」とは、本文でもとりあげた、見田宗介さんの「鮮烈ないとおしさへの感覚」、井上靖の「人生への愛情（の）曾てない純粋無比の清冽さ」とも同質のものだろうと思います。

秦さんの「いわゆる身内」とは、不壊《ふえ》の価値をもった特権的な二人称関係の謂《い》いですが、それは、そうした「人生一瞬の金無垢のような寂しみ」というものを分母にしないかぎり成立してこない倫理です。しかし同時に、そこで肝心なことは、それが、〝夢〟においてのみ成立する倫理でもあるということです（それは、〝絵空事〟とも、〝非現実〟とも言いかえられています）。「蛍籠《ほたるかご》とうから夢とけじめなく」とは、これも代表作のひとつ、『慈子《あつこ》』の主人公の、ある覚悟をともなった心情を代弁するものです。

夢や夢うつつや夢とわかぬかないかなる世にか覚めむとすらむ

デビュー作「清経入水《きよつねじゅすい》」に引かれている赤染衛門《あかぞめえもん》の歌（「夢が夢なのだろうか、現実が夢なのだろうか、わけられないこと。いったいどのような世に覚めようとするのだろうか」）ですが、この歌をかりていってみれば、秦文学の基本的な問いかけのひとつは、その「いかなる世にか覚めむとすらむ」如何《いかん》を問うところにあるといっていいように思います。

数人の仲間とかたらって、十数年にわたって「秦文学研究会」を開いていたのは、元号が昭和から平成にかわる頃でしたが、思いかえしてみれば、その頃から、本書の構想につながる問題が問われていたように思います。

その後、問題は、現代社会全体に漂っている「はかない」気分をどう考えたらいいのか、という思想課題ともあいまって、私のなかでしだいに、「はかなし」――「夢」をどうふまえ、どう生きるか、という問題として主題化してきたように思います。「ありてなければ」の「はかなさ」の向こう側への問いとは、いまの言い方を転用すれば、「いかなる世にか覚めむとすらむ」という、その「いかなる（世）」を問うことでもありました。それがどう思い描けるか、という問題でした。

以上のような問題をどこまで問いえたか、はなはだ心許《こころもと》ないところはありますが、ともあれ、年来の宿題をようやく提出したという思いはしています。

角川ソフィア文庫に収めるにあたって、もう一人の現代作家をとりあげておきたいと思います。

二〇一一年六月、村上春樹さんは「カタルーニャ国際賞」を受賞し、そこで「非現実的な夢想家として」というスピーチを行い、以下のようなことを述べています。

――唯一の原爆被爆国である我々は、どこまでも核に対する「ノー」を叫び続けるべきであった。それが、広島・長崎の犠牲者に対する我々の責任のとり方、戦後の倫理・規範の基本だったはずなのに、「効率」「便宜」という「現実」の前に、それらを敗北させてしまった。このたびの原発事故で損なわれた倫理・規範は簡単に修復できないが、自分は作家として、そこに生き生きとした新しい物語を立ち上げたい。夢を見ることを恐れてはならない。「効率」や「便宜」という名前を持つ「現実」に追いつかせてはならない。我々は力強い足取りで前に進んでいく「非現実的な夢想家」でなくてはならない。

「夢」という言葉が、「非現実」として、〝現実〟に対向させられています。村上さんは、こうした「はかり」「はかどる」ことが第一主義になってしまった日本の〝現実〟からの再生を、「夢」という言葉に託《たく》しつつ、しかもそれを無常（mujo）という言葉の紹介から始めて、最後にも、あらためてこう語っています。

最初にも述べましたように、我々は、無常（mujo）という移ろいゆくはかない世界に生きています。生まれた生命はただ移ろい、やがて例外なく滅びていきます。大きな自然の力の前では、人は無力です。そのようなはかなさの認識は、日本文化の基本的イデアのひとつになっています。しかしそれと同時に、滅びたものに対する敬意と、そのような危機に満ちたもろい世界にありながら、それでもなお生き生きと生き続けることへの静かな決意、そういった前向きの精神性も我々には具わっているはずです。

「滅びたものに対する敬意と、そのような危機に満ちたもろい世界にありながら、それでもなお生き生きと生き続けることへの静かな決意、そういった前向きの精神性」が、「無常という移ろいゆくはかない世界」の認識にはさまれながら確認されています。本書のテーマもまた、いうなれば、こうしたことを確認し、すこしでもそれを生き生きとした新しい倫理として語り直すことでした。

この本は、平成十九年に出された平凡社新書『「はかなさ」と日本人』がもとになっています。その際には、日本思想史研究会のメンバーであった、山本伸裕・伊藤由希子・古田徹也・西塚俊太・長谷川徹の各氏には、草稿を読んでいただき、それぞれ貴重なコメントやアドバイスをいただきました。

また、このたび、これを角川ソフィア文庫にとお誘いいただき、加筆修正するにあたって、内容や構成、表記等々、全般にわたってご教示いただいた編集部の泉実紀子さんに心から御礼申し上げます。泉さんのご尽力がなければこの本はできませんでした。記して謝意を表します。

平成二十七年仲秋　竹内整一

解説

散らぬ花びら、ありがたき。
―開花する竹内整一の「思想詩」に寄せて―

西岡文彦

一、礼を失した私の問いへの「ありてなき」答え

竹内整一先生にお尋ねしたことがある。
「花びらは散り、花は散らない、としても、散る花びらが愛《いと》おしい人間の身としてはどうしたらいいのでしょうか？」

本書にも紹介されている、仏教思想家・金子大栄による「色即是空、空即是色」の要約に関する質問で、先生の『花びらは散る　花は散らない』（角川選書）の出版と前後して新聞に掲載されたインタビューを読んでの質問であった。

有形のものは散り滅びるが、滅びずに咲き続けるなにものかがある、ということは重々承知の上で、それでもなお、女色に代表されるような、有形の肉体から生まれる煩悩というものが愛おしく未練でならない私は、どうすればいいのでしょうか、との質問である。酒席とはいえ、今から思えば随分と礼を失した質問であったと思う。

が、返ってきた答えには、訊いたこちらが驚いた。

「そうなんだよなぁ」

微笑みながら、つぶやくように言われ、そのまま盃を重ねておられる。竹内流の問答術に心服してしまうのは、このような瞬間である。

現代の思想文学から古典教典まで、その精髄の凝縮した一節を縦横無尽に参照しながら、今日の私たちの生きるよすがとなる学理と倫理の織り成す言葉の多面体を現出してみせる竹内流の思想史論考は、その百科全書的な「思想誌」としての威容で研究者を圧倒すると共に、引用される一節が時に原典をも超える感動や含蓄をもって胸に迫る「思想詩」ともいうべき感興で、表現者を嫉妬させずにおかない。

いずれも、広範にして精緻《せいち》な読みと深遠にして厳密な思索により醸し出される竹内流思想史ならではの醍醐味ではあるのだが、その「思想詩」としての絶妙の興趣に、感嘆を通り越して嫉妬を禁じ得なくなった私は、お会いして間もない頃の研究会でも不遜としか言いようのない質問をしてしまっている。

これほど史料を美しく引用する力をお持ちであれば、むしろその創造性は御自身が詩歌や小説を創作することにこそ活かされるべきではないでしょうか、との私の不遜な問いに、先生はこう答えられた。

「言われることは、半分は受け容れられますが、半分は受け容れられません」

私は、その時点ではまだ、論考と引用の「あわい」に「おのずから」咲きわう言霊《ことだま》を招来するために万巻の書を渉猟《しょうりょう》し、日本の思想史を連綿たる詩想の系譜として受け取り直そうとする竹内学の、受容的な創造性というものを理解していなかった。

初めて竹内先生のお話をお聞きしたのは、「京都フォーラム」という学際会議でのことで、私も企画委員の一員だったこのフォーラムで二十五年の間にお聞きした内外千人余の先生方のお話のなかでも、とりわけ鮮烈な感動の残るものであった。先生が資料に引用されていた、社会学者の見田宗介による荘厳《しょうごん》つまりは死者に花を手向《たむ》けることに関する論考（『現代日本の感覚と思想』）の美しさにも圧倒されてしまった。逝った人への真の荘厳とは、その外面に花を飾ることでなく、その人の咲かせた花への認識を介して、残された生者の内に咲く花を目覚めさせることであり、それが、逝った者と残された者とを共に生かす唯一のすべであるといい、そうした認識の明晰さこそが「夢よりも深い覚醒」に至ることになるのだという。魂の震えるような思いがした私は、神田古書街を歩き回ってようやく原書を入手。読後、あらためて竹内流の引用の絶妙に感嘆することになったが、うかつにも、竹内流の「思想詩」がまさに見田論考にある「荘厳」に他ならないことには思い至らなかった。

山上憶良《やまのうえのおくら》の「言霊の幸《さき》はふ国」という歌句（『万葉集』）に端的に示される通り、古来、日本では言葉の霊が「咲く」ことに「幸《さち》」を見出してきた。

見田宗介の言葉を借りるなら、逝った者を、残された者たちが活かし続けるには、逝った者が遺した言葉を、残された者たちが自身の内に咲かせ続けることしかすべがないからなのであろう。

竹内学が、日本の思想史が遺した無数の言葉を渉猟し、引用と論考の「あわい」に招来しようとしているのは、そうした私たちの内に「おのずから」咲きわう言霊を、生きるよすがとするための、学理と倫理の「あわい」に紡がれる言葉であることに、私はまだ思い至っていなかったのである。先述の竹内先生に創作を奨める不遜な質問は、そうした私の浅慮と嫉妬から出た愚問だったわけである。

先生のお答えにあった「受け容れられない」半分とは、御自身の創造性は、逝った者たちの咲かせた花としての言霊を活かすためにこそ用いられるべきとの節度の表明であり、「受け容れられる」半分とは、竹内流の「思想詩」はむしろそうした受容性においてこそ創造的たらんとしていることの、凛とした表明であったのだろう。

本書は、そうした竹内流「思想詩」の結晶した掌中のミクロ・コスモスである。未曾有の天災と人災に直面し、人間の心性そのものがニヒリスティックにならざるを得ない今日にあって、「はかなさ」つまりは「はかり」知れないありようを呈する世界と私たち自身を、優しく厳しく受容するための手引の書でもある。

近代西欧の価値観に代表される、測《はか》り、計《はか》り、図《はか》ることへの崇拝の念を脱し、本来は測ることも計ることも図ることも叶わぬ生命や宇宙と、祈り歌うような敬虔《けいけん》な思いで向き合うための智慧《ちえ》を、竹内流の引用の万華鏡で諭す言葉の小宇宙である。

日本の思想史が遺した無数の言葉を渉猟して、引用と論考の「あわい」に「おのずから」招来される言霊を、今日を生きる私たちのよすがとして、内に咲かせてくれる言葉の玉手箱のような珠玉の一冊といえよう。

二、はかなさと日本人の三つの志向性

危機的な状況にある世界と私たちを受容する手引として本書は、「はかない」現実と日本人がどのように向き合って来たかを、三つの志向として解き明かしている。

まず紹介されるのは、世界を「はかなき」夢と見なして、その外へと向かう志向であり、それは、西行の出家や鴨長明の隠遁《いんとん》に見られる「浅き夢」としての世を捨てる志向から浄土教の説く極楽浄土に至る、彼岸《ひがん》への憧憬《しょうけい》に結実しているという。

次に紹介されるのは、その「浅き夢」をさらに深く夢見ることで、世界の深奥へと向かう志向であり、こちらは近松門左衛門の「心中」や『葉隠』の「死狂ひ」に見られる恋や死を対象とする狂熱、すなわち「一期《いちご》は夢よただ狂へ」という『閑吟集』の小歌にも端的に示される、夢幻としての此岸《しがん》への没入に結実しているという。

そして、最後に紹介されるのが、本書の題名の由来ともなっている「ありてなき」世界のただ中に踏みとどまろうという志向である。

これは、いつ「なし」に転じても不思議のない生命や世界がなお「ある」ことに、今ここに生きていることの幸福・貴重を感じとる『徒然草』の「ありがたき不思議」に見られる、夢と現《うつつ》の「あわい」としての世界の受容に結実しているという。

夢の外へと憧憬することでもなければ、夢の内へと没入することでもなく、夢と現の「あわい」としての世界の「ありがたき不思議」を受容し肯定し得た時、はじめて人は、見田のいう「夢よりも深い覚醒」としての生に向かい合うことが可能となり、「ありてなき」幽玄の美というものにも逢着《ほうちゃく》することができるというのである。

確かに、二〇一一年三月十一日以降の世界を指すのに、「ありがたき不思議」以上に適切な言葉は見当たらない。そして、その世界に今なお「ある」一本の樹木や一輪の花の美の感動を解き明かすのに、この言葉以外の言葉は見当たらない。

私たちが、今この瞬間に生きているという現実そのものが、「ありがたき不思議」という言葉以外で感受することとは、不可能とさえいえるのである。

本書で紹介される美しい言葉のなかでも、とりわけ印象的なもののひとつに、室町時代の僧侶で連歌師でもあった心敬の「ふるまひをやさしくし、幽玄《ゆうげん》に心をとめよ」という言葉がある。

夢幻としてのこの世の生を受け容れ、であるからこそ、振る舞いは「やさし」すなわち「痩《やせ》し」を原義とする、人の目が気になり身の細る思いがするほどの他者や場への配慮を心がけよという戒めである。「幽玄」は、その夢幻としてのこの世や世界の「あり」と「なし」との「あわい」に見出される美のあり方を指している。

夢と現の「あわい」に生じる「ありがたき不思議」の美のことである。

今日の私たちが暮らす世界を語るのに「ありがたき不思議」以外の言葉が見つからないように、今日の私たちの生き方のよすがとするのに、この「ふるまひをやさしくし、幽玄に心をとめよ」以上の言葉は、見つからないように思われる。

三、散ると散らぬの「あわい」に咲きわう花

近代西欧の価値観に代表される、測り、計り、図ることへの崇拝の念など、もはや私たちの暮らす世界では、抱くこと自体が不可能となっている。

事は成就せず、志は叶わず、にもかかわらず人の心は定まらず、望みも絶えることがないという『徒然草』の記述そのままの生のありようを抱えているのが、今日の私たちであり、その私たちが向き合っているのは、まさに「はかなさ」そのものの本質を露呈してしまった世界に他ならない。

そんな世界と向き合うにあたり、万象を「幻化」すなわち、いかに「あり」にく

とも、しばし「ある」という、まさに「ありがたき不思議」としてそのまま引き受け生きる智慧を『徒然草』に読み解く本書の意義は限りなく大きい。

本来は「はかない」世界の無常な本質を受け容れず、「定めなき」世を嘆き、それこそ「はかり」得る世ばかりを願うならば、たとえ千年を過ごそうとも、一夜の夢のようなものに過ぎない、と教えてくれるからである。

実際に、今日の私たちが暮らす世界は、まさに人類が千年をかけて歩んできた歴史が一夜にして崩壊しかねないことを、今この瞬間も時々刻々と教えてくれている。

千年余の昔、万葉人《まんようびと》が女郎花《おみなえし》と萩を詠んだ歌が本書に紹介されている。詠み人を知らぬ「をみなへし秋萩交じる蘆城《あしき》の野今日を始めて万代《よろづよ》に見む」というその歌は、太宰府の官吏の宴の場として知られる蘆城の野に繰り出し、女郎花と萩という秋草を代表する花の美に感動した詠み人が、今日を機に、万代つまりは永遠に花を見続けようとの思いを詠んだ歌であるという。

秋草といえば、日本美術のなかでも「はかなさ」で愛された意匠の筆頭格である。春から夏を経て秋に終る花の季節の掉尾《ちょうび》を飾るがゆえに、花の「はかなさ」の象徴として、無数の美術工芸品を彩ることになった意匠がこの秋草である。

その「はかなさ」の象徴である秋草を万代に見んとする思いには、まさに万葉人の面目躍如たるものがある。

そこには「はかり」得る世界を願って千年を浪費してしまうことの対極に位置するような、永遠を宿す刹那《せつな》というものを見出すことができるからである。

此岸が「はかない」ものであるならば、彼岸に期待するよりは、此岸のその不十分な本質にこそ豊穣を見出そうとするところに万葉人の特質があり、時に仏教の教えにまさるものとして一夜の酒宴を讃えたのは、そのためであるという。

確かに、そうした永遠を宿す刹那の万葉の酒宴で愛《め》でる花ならば、いつか散るはずの花びらもまた、花のように永遠に散らぬものとなり得るのかも知れない。

かつて私が、竹内先生に礼を失した問いをぶつけたことは冒頭で告白した通り。

「花びらは散り、花は散らない、としても、散る花びらが愛おしい人間の身としてはどうしたらいいのでしょうか?」

との私の問いに、先生は微笑みながらつぶやくように答えられた。

「そうなんだよなぁ」

そのまま盃を重ねられる先生と、敬服した私の間に降りて来た沈黙が懐かしい。

懐かしい、とは「懐《なつ》く」から出た、本来は眼前の事態を指す語であることは、本書の能『松風』の解説の段でも紹介されている。一夜の酒宴の喧噪《けんそう》の中で生じた、豊穣この上もないこの空白は、じつは私の中では今なお懐かしく継続したままでいる。

本来は否定してしかるべき問いを鷹揚に肯定してみせることで、竹内整一が、否と是の「あわい」に紡ぎ出した、まさに幽玄の応答ともいうべきものを、あの夜以来、私は眼前にし続けている思いがするからである。

万代を宿す刹那、散らぬ花びらとは、こういう沈黙を指しているのかも知れない。夢幻としてのこの世を彩る一夜の酒宴において「あり」と「なし」との「あわい」の如く生じた深く豊かな沈黙は、まさに「ありがたき不思議」としての幽玄の美そのものであり、この「ありがたき不思議」な沈黙の内にこそ、竹内流の「思想詩」の花が咲いているのかも知れない。

古来この国を彩ってきた無数の花としての言葉たちが、今日を生きる私たちの内の「夢よりも深い覚醒」を呼び覚まし、「芸術よりも美しき沈黙」として幸《さき》わっているように思えてならないからである。

あの夜以来、私はずっとその花の声に耳を傾け続けている。散る花びらと散らぬ花の「あわい」に咲く、散らぬ花びらがあるのかも知れないと思えた刹那を、あの夜を始めて万代に見む、と願っているからである。

（西岡文彦　伝統版画家／多摩美術大学教授）

引用文献・参考文献（初出順）

竹内整一編著『無根拠の時代』（大明堂、一九九六年）
太宰治「右大臣実朝」『太宰治全集第五巻』（筑摩書房、一九九〇年）
村上春樹『１９７３年のピンボール』（講談社文庫、一九八三年）
唐木順三『無常』（筑摩書房、一九六四年）
竹内整一『「おのずから」と「みずから」』（春秋社、二〇〇四年）
『岩波古語辞典』（岩波書店、一九七四年）
古東哲明『瞬間を生きる哲学』（筑摩選書、二〇一一年）
『万葉集』（『新編日本古典文学全集〈6〉』、小学館、一九九四年）
『古今和歌集』（『新編日本古典文学全集〈11〉』、小学館、一九九四年）
和泉式部『和泉式部日記』（『新編日本古典文学全集〈26〉』、小学館、一九九四年）
和泉式部『和泉式部歌集』（岩波文庫、一九五六年）
西行『山家集』（『日本古典文学大系〈29〉』、岩波書店、一九六一年）
『平家物語』（『新編日本古典文学全集〈45〉〈46〉』、小学館、一九九四年）
蓮如「御文」（『真宗聖典』、東本願寺出版部、一九七八年）

「恨の介」『仮名草子集』（『日本古典文学大系〈90〉』、岩波書店、一九六五年）
山本常朝『葉隠』（『日本思想大系〈26〉』、岩波書店、一九七六年）
国木田独歩「驚異」（『国木田独歩全集第二巻』学習研究社、一九六五年）
国木田独歩『欺かざるの記』（『国木田独歩全集第六、七巻』学習研究社、一九六五年）
三木清『人生論ノート』（『三木清全集第一巻』、岩波書店、一九六六年）
坂部恵『仮面の解釈学』（東京大学出版会、一九七六年）
『広辞苑』（岩波書店、一九九七年）
『大辞林』（三省堂、二〇〇六年）
上田紀行「夢の民俗」（小学館『日本大百科全書』、一九九四年）
ニーチェ（原佑訳）『権力への意志』（ちくま学芸文庫、一九九三年）
河東仁『日本の夢信仰——宗教学から見た日本精神史』（玉川大学出版部、二〇〇二年）
源信『往生要集』（岩波文庫、一九九二年）
菊池寛「極楽」（『菊池寛文学全集〈3〉』、文藝春秋新社、一九六〇年）
芥川龍之介「芋粥」（『芥川龍之介全集〈1〉』、ちくま文庫、一九八六年）
中沢新一「極楽論」（『チベットのモーツァルト』、せりか書房、一九八三年）
『和漢朗詠集』（『日本古典文学大系〈73〉』、岩波書店、一九六五年）

佐藤正英「無常の文学」（『日本における生と死の思想』、有斐閣、一九七七年）
板坂元『日本人の論理構造』（講談社現代新書、一九七一年）
『一言芳談』（『日本古典文学大系〈83〉』、岩波書店、一九六四年）
小林秀雄「無常という事」（『古典と伝統について』、講談社文庫、一九六八年）
『源氏物語』（『日本古典文学全集〈12〉～〈17〉』、小学館、一九七〇～七六年）
亀井勝一郎『王朝の求道と色好み——日本人の精神史研究』（文藝春秋新社、一九六二年）
『後拾遺和歌集』（岩波文庫、一九四〇年）
『千載和歌集』（岩波文庫、一九八六年）
鴨長明『方丈記』（『新編日本古典文学全集〈44〉』、小学館、一九九五年）
『歎異抄』（岩波文庫、一九八一年）
『新古今和歌集』（『新編日本古典文学全集〈43〉』、小学館、一九九五年）
小林秀雄「西行」（『古典と伝統について』、講談社、一九六八年）
佐藤正英『隠遁の思想——西行をめぐって』（東京大学出版会、一九七七年）
「黒塚」ほか（『新編日本古典文学全集〈58〉～〈59〉』、小学館、一九九七～九八年）
馬場あき子『鬼の研究』（『馬場あき子全集〈4〉』、三一書房、一九九五年）
相良亨『世阿弥の宇宙』（『相良亨著作集〈6〉』、ぺりかん社、一九九五年）

『閑吟集』(『新編日本古典文学全集〈42〉』、小学館、二〇〇〇年)
秦恒平『閑吟集―孤心と恋愛の歌謡』(NHKブックス、一九八二年)
『日本国語大辞典』(小学館、二〇〇一年)
『梁塵秘抄』(『新潮古典集成〈31〉』、新潮社、一九七九年)
谷崎潤一郎『春琴抄』(『谷崎潤一郎全集〈13〉』、中央公論社、一九八二年)
相良亨「夢幻観をめぐって」(『相良亨著作集〈3〉』、ぺりかん社、一九九三年)
相良亨『武士の思想』(『相良亨著作集〈3〉』、ぺりかん社、一九九三年)
「隆達節小歌集成」(『日本古典全書〈93〉』、朝日新聞社、一九六四年)
近松門左衛門「曾根崎心中」(『新編日本古典文学全集〈75〉』、小学館、一九九八年)
村上辰行「夏の終わりの物語」(竹内整一編『無根拠の時代』、大明堂、一九九六年)
『近松浄瑠璃集 下』(『日本古典文学大系〈50〉』、岩波書店、一九五九年)
高島元洋「情による超越――他界から虚構へ」(相良亨編『超越の思想――日本倫理思想史研究』、東京大学出版会、一九九三年)
吉田兼好『徒然草』(『新編日本古典文学全集〈44〉』、小学館、一九九五年)
菅野也寸志「徒然草の思想」(竹内整一ほか編『日本思想史叙説』、ぺりかん社、一九八二年)
古東哲明『〈在る〉ことの不思議』(勁草書房、一九九二年)

心敬「心敬法印庭訓」(『中世の文学　連歌論集三』三弥井書店、一九八五年)
鴨長明『無名抄』(『日本古典文学大系〈65〉』、岩波書店、一九六一年)
岡倉天心『茶の本』(岩波文庫、一九六一年)
伊藤仁斎『童子問』(『日本古典文学大系〈97〉』、岩波書店、一九六六年)
相良亨「人倫日用における超越」(『相良亨著作集〈2〉』、ぺりかん社、一九九六年)
福沢諭吉『福翁百話』ほか(『福澤諭吉著作集』全十二巻、慶應義塾大学出版会、二〇〇二〜〇三年)
中江兆民『続一年有半』(『明治文学全集〈13〉』、筑摩書房、一九六七年)
志賀直哉『暗夜行路』(『志賀直哉全集第四巻』岩波書店、一九九九年)
志賀直哉『ナイルの水の一滴』(『志賀直哉全集第十巻』岩波書店、一九九九年)
伊藤整『近代日本人の発想の諸形式』(岩波文庫、一九八一年)
見田宗介『現代日本の感覚と思想』(講談社学術文庫、一九九五年)
真木悠介(見田宗介)『気流の鳴る音――交響するコミューン』(筑摩書房、一九七七年)
井上靖『北国』(『井上靖全集　第一巻』、新潮社、一九九五年)
相良亨「一隅に立つ」(『相良亨著作集〈3〉』、ぺりかん社、一九九三年)
新井満『自由訳　般若心経』(朝日新聞社、二〇〇五年)

山崎正和『混沌からの表現』（PHP研究所、一九七七年）
磯部忠正『「無常」の構造』（講談社現代新書、一九七六年）
増田正造『能の表現』（中公新書、一九七一年）
相良亨「「姨捨」の孤絶」（『相良亨著作集〈6〉』、ぺりかん社、一九九五年）
金子大栄『歎異抄領解』（全人社、一九四九年）
松原泰道『般若心経入門』（『松原泰道全集』、祥伝社、一九九二年）
寺田寅彦「日本人の自然観」「天災と国防」（『天災と日本人』角川学芸出版、二〇一一年）
梅棹忠夫「未来社会と生きがい」（『わたしの生きがい論』講談社文庫、一九八一年）
加藤典洋『人類が永遠に続くのではないとしたら』（新潮社、二〇一四年）
秦恒平『みごもりの湖』（『秦恒平・湖の本〈16〉』、「湖の本」版元、一九九〇年）
秦恒平『慈子』（『秦恒平・湖の本〈10〉』、「湖の本」版元、一九八八年）
竹内整一『自己超越の思想』（ぺりかん社、一九八八年）
同『日本人はなぜ「さようなら」と別れるのか』（ちくま新書、二〇〇九年）
同『「おのずから」と「みずから」増補版』（春秋社、二〇一〇年）
同『「かなしみ」の哲学』（NHKブックス、二〇〇九年）

同『花びらは散る　花は散らない』（角川選書、二〇一一年）
同『やまと言葉で哲学する』（春秋社、二〇一二年）
同『やまと言葉で〈日本〉を思想する』（春秋社、二〇一五年）
同『「やさしさ」と日本人』（ちくま学芸文庫、二〇一六年近刊）
竹内整一・金泰昌編『「おのずから」と「みずから」のあわい』（東京大学出版会、二〇一〇年）

＊テキストからの引用については、適宜表記を改めたところがある。

本書は二〇〇七年に平凡社から刊行された『「はかなさ」と日本人』に加筆修正の上、文庫化したものです。

ありてなければ

「無常《むじょう》」の日本精神史《にほんせいしんし》

竹内整一《たけうちせいいち》

平成27年 12月25日　初版発行
令和６年 10月25日　４版発行

発行者●山下直久

発行●株式会社KADOKAWA
〒102-8177　東京都千代田区富士見2-13-3
電話　0570-002-301（ナビダイヤル）

角川文庫 19521

印刷所●株式会社KADOKAWA
製本所●株式会社KADOKAWA

表紙画●和田三造

●お問い合わせ
https://www.kadokawa.co.jp/（「お問い合わせ」へお進みください）
※内容によっては、お答えできない場合があります。
※サポートは日本国内のみとさせていただきます。
※Japanese text only

ISBN978-4-04-400002-8　C0112

◆◆◆

角川文庫発刊に際して

角川源義

第二次世界大戦の敗北は、軍事力の敗北であった以上に、私たちの若い文化力の敗退であった。私たちの文化が戦争に対して如何に無力であり、単なるあだ花に過ぎなかったかを、私たちは身を以て体験し痛感した。西洋近代文化の摂取にとって、明治以後八十年の歳月は決して短かすぎたとは言えない。にもかかわらず、近代文化の伝統を確立し、自由な批判と柔軟な良識に富む文化層として自らを形成することに私たちは失敗して来た。そしてこれは、各層への文化の普及滲透を任務とする出版人の責任でもあった。

一九四五年以来、私たちは再び振出しに戻り、第一歩から踏み出すことを余儀なくされた。これは大きな不幸ではあるが、反面、これまでの混沌・未熟・歪曲の中にあった我が国の文化に秩序と確たる基礎を齎らすためには絶好の機会でもある。角川書店は、このような祖国の文化的危機にあたり、微力をも顧みず再建の礎石たるべき抱負と決意とをもって出発したが、ここに創立以来の念願を果すべく角川文庫を発刊する。これまで刊行されたあらゆる全集叢書文庫類の長所と短所とを検討し、古今東西の不朽の典籍を、良心的編集のもとに、廉価に、そして書架にふさわしい美本として、多くのひとびとに提供しようとする。しかし私たちは徒らに百科全書的な知識のジレッタントを作ることを目的とせず、あくまで祖国の文化に秩序と再建への道を示し、この文庫を角川書店の栄ある事業として、今後永久に継続発展せしめ、学芸と教養との殿堂として大成せんことを期したい。多くの読書子の愛情ある忠言と支持とによって、この希望と抱負とを完遂せしめられんことを願う。

一九四九年五月三日